목 차

01

프로세싱

프로세싱(Processing)은 오픈 소스 프로그래밍 언어이자 통합 개발 환경(IDE)으로, MIT 미디어 연구소에서 케이시 리아스(Casey Reas)와 벤자민 프라이(Ben Fry)가 2001년 개발을 시작해서 꾸준히 발전해 온 언어이다. 프로세싱(Processing)은 시각적 맥락에서 프로그래밍을 작성하도록 개발되었기 때문에 이미지, 애니메이션 및 상호 작용을 보다 쉽게 프로그래밍할 수 있어서 학생, 예술가, 디자이너, 연구원, 학습자, 시험 제작(프로토타이핑) 및 제작자를 위한 프로그래밍 언어이다.

Processing은 프로그래밍을 처음 시작하는 사람이 쉽게 접근할 수 있고 아두이노(Arduino)와 프로그래밍 방식이 유사하고 호환성이 높아서 아두이노 하드웨어로 프로젝트나 작품을 제작할 때도 유용한 언어이다.

1.1 개발환경(IDE: Integrated Development Environment)

1) 개발환경 설치

프로세싱 언어(개발환경)는 프로세싱 웹사이트(https://processing.org/download)에서 자유롭게 다운 받아 사용할 수 있다([그림 1.1]).

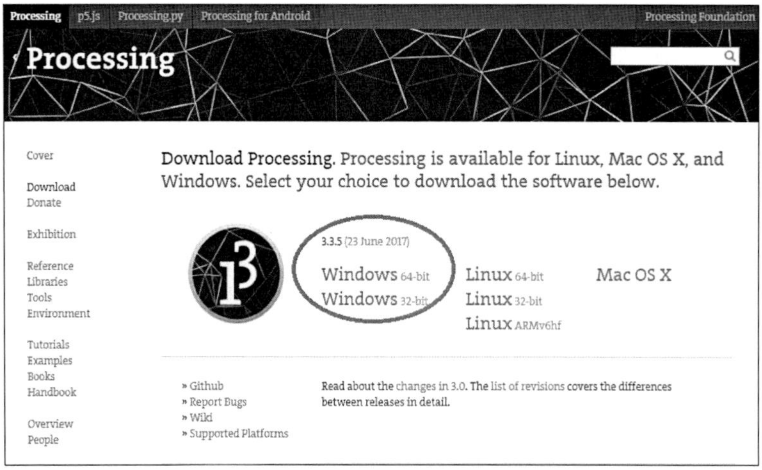

[그림 1.1] 프로세싱 개발환경 다운로드 사이트

다운로드 된 압축 파일을 푼다. 예로 윈도우 64비트 버전을 다운로드하면 processing-3.x.x- windows64.zip 파일이 다운로드 된다(x는 버전 숫자). 압축을 풀어 해당 폴더 전체(processing-3.x.x)를 Program Files 폴더로 이동한다([그림 1.2]). [그림 1.2]의 프로세싱 폴더 안에 processing 실행 파일(processing)을 더블 클릭하면 프로세싱이 실행된다. 이 파일 위에서 마우스 우측 버튼을 클릭, 바로가기 아이콘을 생성한 후 이를 바탕화면에 놓는다. 이제 바탕화면에서 이 아이콘을 클릭하면 프로세싱이 실행된다.

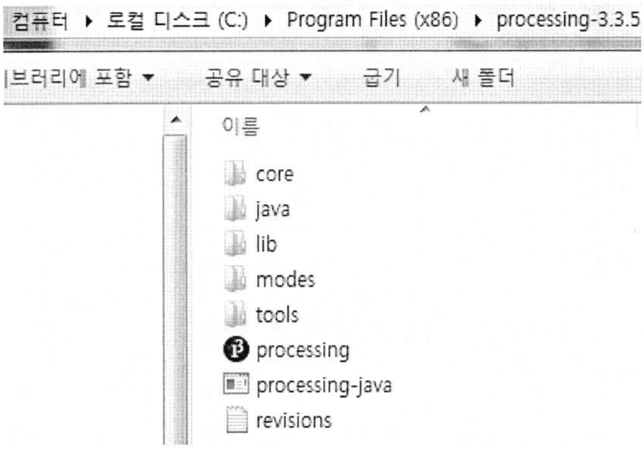

[그림 1.2] 설치된 프로세싱 폴더

2) 개발환경 실행

프로세싱 실행 파일(아이콘)을 더블 클릭하면 [그림 1.3]과 같은 개발환경이 열린다. 개발환경은 프로그래밍 코드를 작성, 실행하고 오류를 정정하는 곳이다. 개발환경 상단([그림 1.3]의 (1))은 메뉴 바가 위치해서 파일을 열고, 저장하고 외부로 내보내기 등을 처리한다. 메뉴 바 밑에 툴바([그림 1.3]의 (2))가 위치하면 왼쪽부터 실행(Run), 정지(Stop) 버튼이 있다. [그림 1.3]의 (3)은 프로그래밍 코드를 작성, 입력하는 곳이다. [그림 1.3]의 (4)는 프로그래밍 오류 등에 대한 경고가 표시되는 부분이고 [그림 1.3]의 (5)는 콘솔로 print() 문의 실행 결과나 오류 메시지가 표시된다.

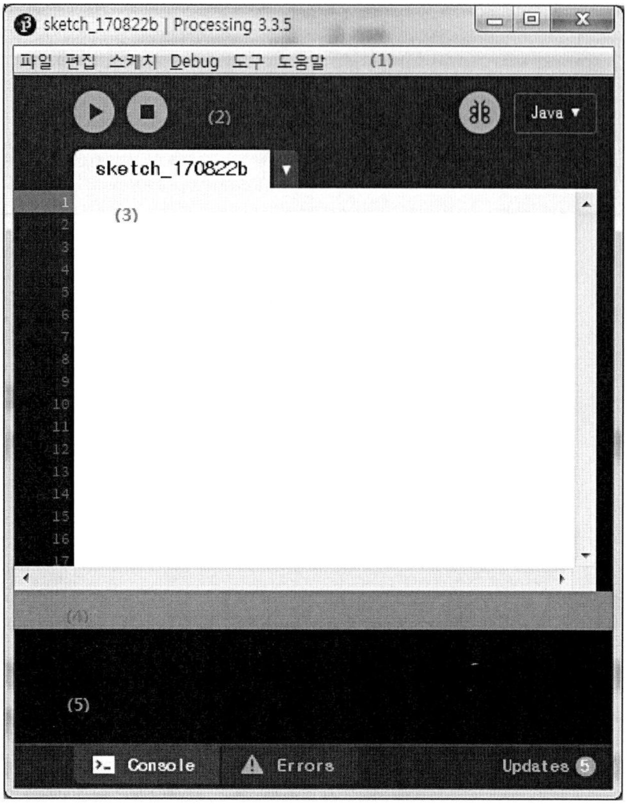

[그림 1.3] 프로세싱 개발환경

개발환경의 설정은 환경설정 창에서 이루어진다. 개발환경 메뉴에서 '파일(File)>환경설정(Preference)' 실행하면 [그림 1.4]의 창이 열린다. 프로세싱에서는 프로그램이나 코드 대신 스케치라는 용어를 사용한다. 스케치 폴더는 사용자의 프로세싱 프로그램이 저장되는 위치로 기본으로 문서('Documents)>Processing' 폴더가 만들어진다. 환경설정 창에서 이 폴더 위치를 변경할 수 있다([그림 1.4]의 네비게이션 버튼을 이용하여 위치 변경). 에디터의 글꼴 및 크기, 화면 색 등을 변경할 수 있으며 설정 내용은 창 하단에 보인 것과 같이 preference.txt에 저장된다.

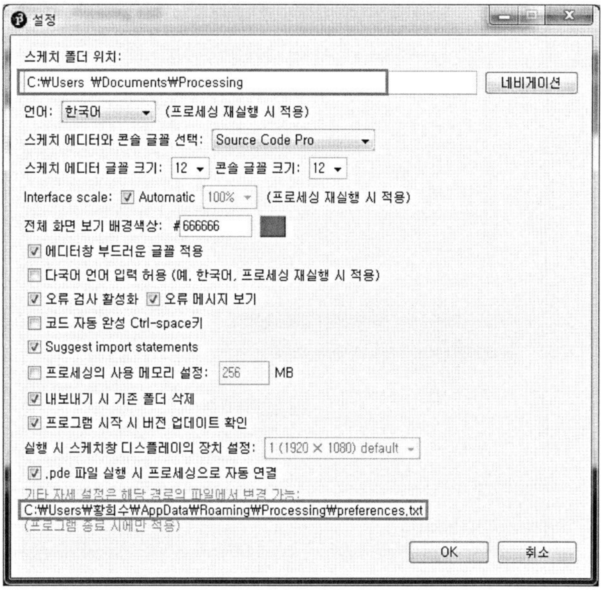

[그림 1.4] 환경설정 창

3) 응용 확장

프로세싱은 라이브러리(library)라는 소프트웨어 확장 체계를 통해 지속적으로 프로세싱 언어의 활용 범위를 넓히고 있다. 개발환경 메뉴에서 '파일>예제' 실행하면 [그림 1.5]와 같은 창이 열린다. [그림 1.5]에서 Libraries는 기본으로 설치되는 라이브러리이다. 라이브러리를 추가하려면 메뉴에서 '도구>추가 도구 생성'을 실행하면 [그림 1.6]의 창이 열린다. 설치하고자 하는 항목을 선택하고 하단에서 설치(Install) 버튼을 클릭한다.

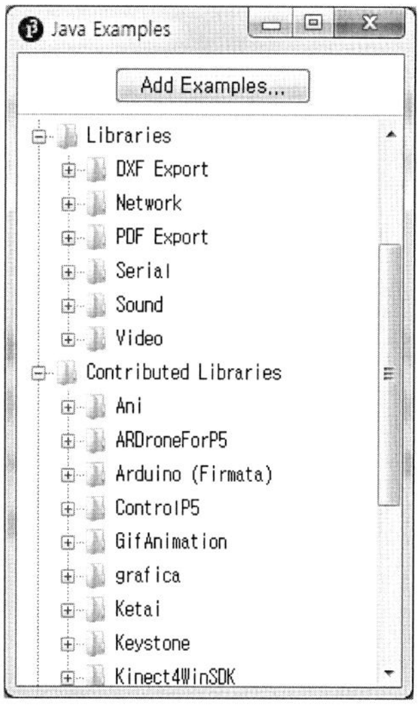

[그림 1.5] 설치된 라이브러리

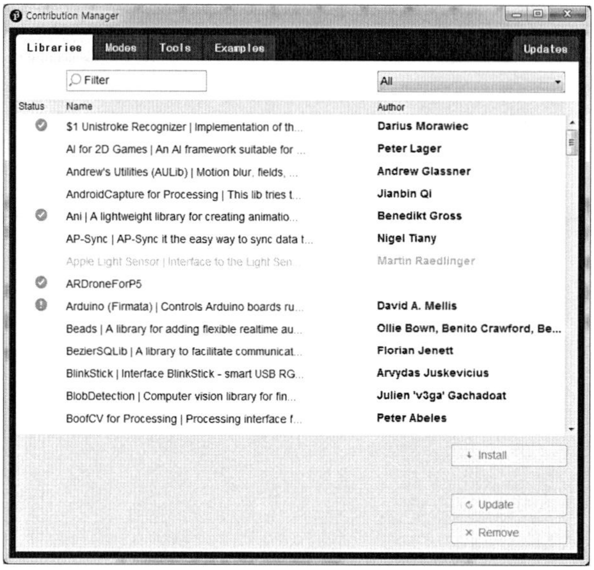

[그림 1.6] 추가 도구 생성에서 라이브러리 추가

프로세싱 언어는 응용 확장을 위해 다양한 모드를 지원한다. 자바 스크립트 라이브러리(Processing.js), 프로세싱 스케치를 스마트 폰 및 태블릿에서 동작하도록 하는 안드로이드 모드(Android mode), 파이썬(Python) 및 R 프로그래밍 언어와 REPL 모드도 지원한다. 필요하면 [그림 1.7]과 같이 '도구>추가 도구 생성'을 실행, 지원 되는 모드를 추가로 설치할 수 있다.

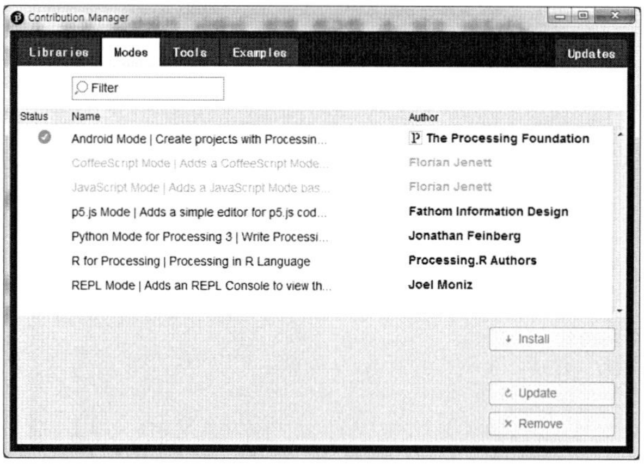

[그림 1.7] 추가 도구 생성에서 모드 추가 화면

4) 간단한 스케치 실행

프로세싱 개발환경에서 아래와 같은 스케치를 작성한 후 [그림 1.8] 실행 버튼을 클릭한다. [그림 1.9]의 실행 결과 창이 생성된다.

```
void setup() {
  size(250,250);
}
void draw() {
  line(0,0,200,200);
}
```

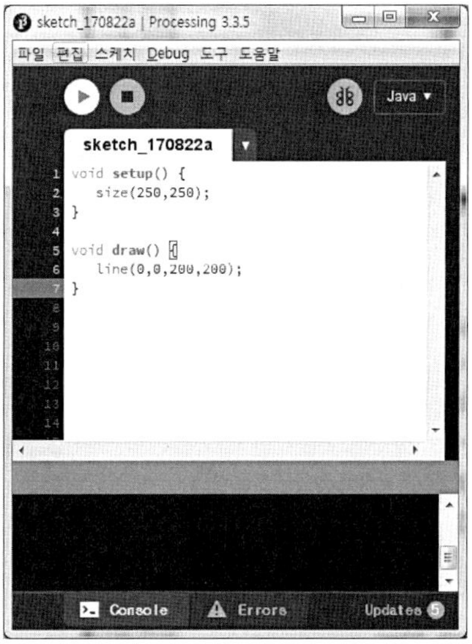

[그림 1.8] 스케치 작성

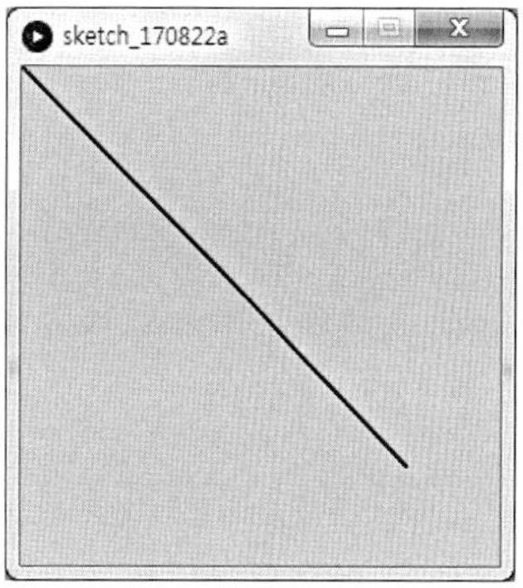

[그림 1.9] 실행 창

1.2 프로세싱 기본 구조

모든 프로세싱 스케치(작성한 코드)는 setup() 및 draw() 함수(function)를 갖는다. 함수는 지정된 과업(task)을 수행하기 위한 다수의 명령문을 포함한다.

• 스케치 기본 구조

```
void setup() {

}
void draw() {

}
```

• setup()은 맨 처음 한 번 실행되는 함수로 스케치 실행에 필요한 설정에 관한 명령문을 포함한다.
• setup() 실행 후에는 종료 전까지 draw() 함수를 반복해서 실행한다([그림 1.10]). 초당 60번 반복 실행되는데, 이 실행 속도를 지정할 수 있다.
• 만약 한 번만 실행되는 스케치를 작성하고자 한다면 draw() 함수 없이 모든 코드를 setup() 함수에 넣는다.

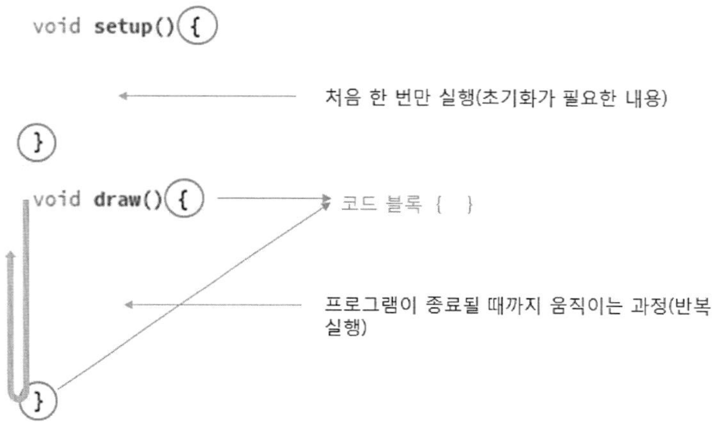

[그림 1.10] 스케치 작성 기본 구조

- noLoop() 함수는 draw() 함수를 한 번만 실행되도록 하고 loop() 함수는 draw() 함수를 연속해서 실행되도록 한다. 기본 값으로 draw()는 연속해서 실행되도록 설정되어 있다.

```
void setup() {

}
void draw() {
  noLoop();
}
```

모든 언어와 같이 프로세싱도 구문(언어 규칙)이 있다. 이 구문에 맞게 작성되어야 스케치가 실행된다.

- Hello world 스케치에서 보인 것처럼 함수에 속한 모든 명령문들은 블록({ })로 묶인다.
- 함수 이름 다음에는 인수가 없는 경우 () 또는 (void)가 온다.
- 함수 이름 앞에는 함수의 반환형이 없는 경우 void가 온다.

위 스케치에서 void setup() 및 void draw() 함수는 모두 인수도 없고 반환형도 없음을 의미한다. setup() 함수 안에 명령문으로 size(250,250) 함수가 있다. 이 함수는 가로 및 세로 화소(pixel) 크기를 250으로 지정하는 인수를 사용하여 창의 크기를 지정한다. [그림 1.11]에 보인 것처럼 함수에 따라 인수가 있거나([그림 1.11]의 ③) 없을 수 있으며([그림 1.11]의 ①, ②) 반환형도 있거나([그림 1.11]의 ③) 없을 수 있다([그림 1.11]의 ①, ②). 함수 반환형이 없을 때는 함수명 앞에 void를 붙이며 함수 test와 같이 반환형(return x) 있을 때는 x의 데이터형인 int를 함수명 앞에 적는다.

```
함수 형식 : 반환형 함수명(매개변수)

① void setup()

② void setup(void)

③ int test(float a, float b){
      int x;
      ....................
      return x;
  }
```

[그림 1.11] 함수 형식의 예

- 스케치의 모든 명령문 끝에는 세미콜론(;)을 붙여야 된다.
- // 다음부터 그 줄 끝까지는 주석으로 처리, 실행되지 않기 때문에 한 줄 설명문을 입력할 때 //를 사용한다.
- 여러 줄을 주석으로 처리하고자 할 때는 시작과 끝에 /*와 */를 붙인다.

```
// 실행 화면의 크기를 650*360 화소로 지정
size(650, 360);

// 표시 화면 색을 RGB 색 204, 153, 0으로 지정
background(204, 153, 0);
```

실행 화면

위 스케치를 test.pde로 저장한다. 환경설정에서 지정된 '문서>Processing' 폴더에 test라는 이름의 폴더가 생기고 거기에 test.pde로 저장된다. 메뉴 '파일>어플리케이션 내보내기'를 실행하면 [그림 1.12]의 창이 열리고 내보내기를 하면 [그림 1.13]과 같이 개발환경 없이 바로 실행이 되는 독립 어플리케이션 응용 프로그램(test.exe)이 'test>application.window32'와 'test>application.window64' 폴더에 만들어진다. 이 응용 프로그램을 더블 클릭하면 실행된다.

[그림 1.12] 어플리케이션으로 내보기 창

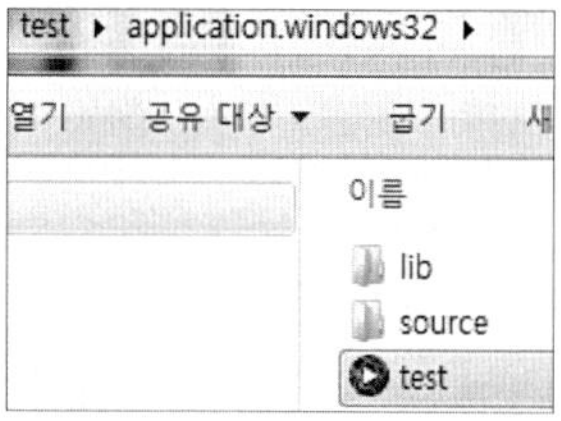

[그림 1.13] 내보내기 결과

02

그리기

2.1 창 그리기

실행 화면에 그려지는 모든 형상은 화소(pixel) 좌표계에 의해 지정된다. 화소 좌표계를 모눈종이라 생각하면 모눈종이의 눈금 하나가 화소에 해당한다. [그림 2.1]에 보인 것처럼 모든 좌표는 화소 단위로 원점에서부터 거리로 측정된다. 좌표계의 원점 (0,0)은 표시 창의 좌측 상단이고 창의 우측 하단 끝은 (width-1, height-1)이다. width와 height는 시스템 변수로 창의 가로 크기와 세로 크기 정보를 갖는다. x축은 우측 방향으로 증가하고 y축은 아래 방향으로 증가한다.

- size(650,360)을 실행하면 [그림 2.1]과 같은 크기의 창이 열리고 시스템 변수 width와 height는 각각 650와 360을 갖는다.

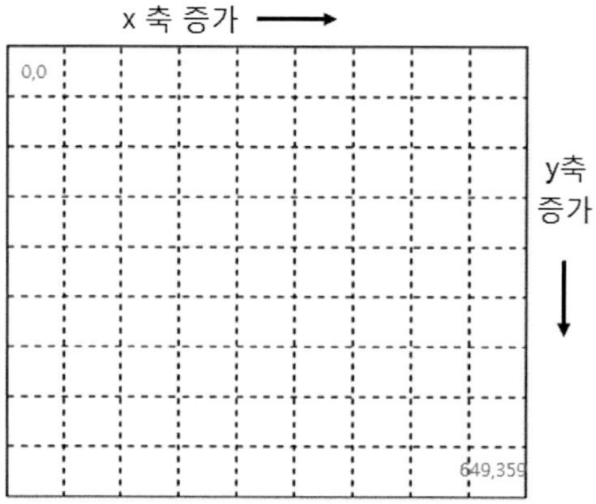

[그림 2.1] 실행 화면 좌표계

2.2 도형 그리기

1) 기본 도형 그리기

(1) 점 그리기

디스플레이 창의 화소에 점을 그릴 때 point()를 사용한다.

- point(x, y) : 화소 좌표 x, y에 점을 그린다.

아래 예를 실행하면 가로 세로 250 화소 크기의 창이 열리고 좌표 (50,50)에 점을 그린다.

```
void setup() {
  background(255);
  size(250,250);
}

void draw() {
  point(50,50);
}
```

(2) 선 그리기

선 그리기는 시작점 좌표와 끝점 좌표를 선으로 잇는다.

- line(x_1,y_1,x_2,y_2) : 좌표 (x_1,y_1)으로부터 (x_2,y_2)까지 선을 잇는다.

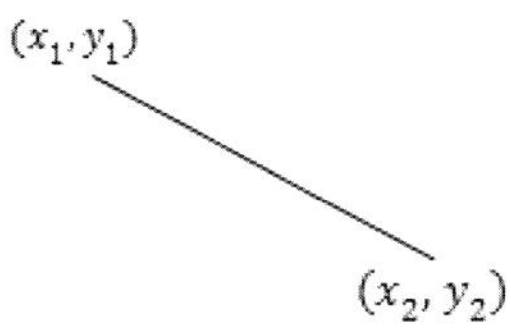

```
void setup() {
  background(255);
  size(250,250);
}

void draw() {
  line(0,0,249,249);
}
```

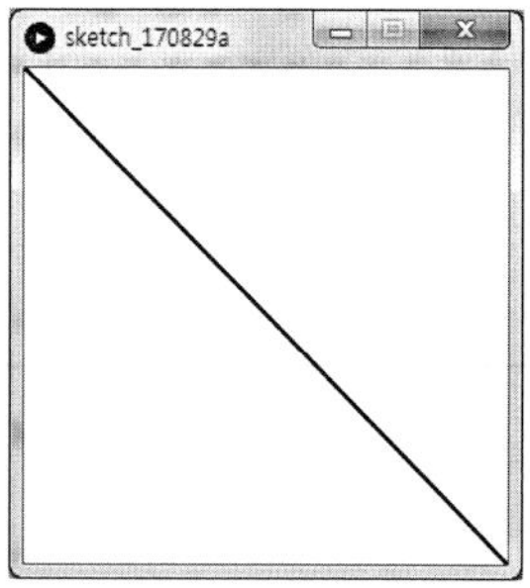

(3) 삼각형 그리기

세 점을 잇는 삼각형을 그린다.

triangle(x_1,y_1,x_2,y_2,x_3,y_3) : 좌표 (x_1,y_1), (x_2,y_2) 및 (x_3,y_3)를 꼭지점으로 하는 삼각형을 그린다.

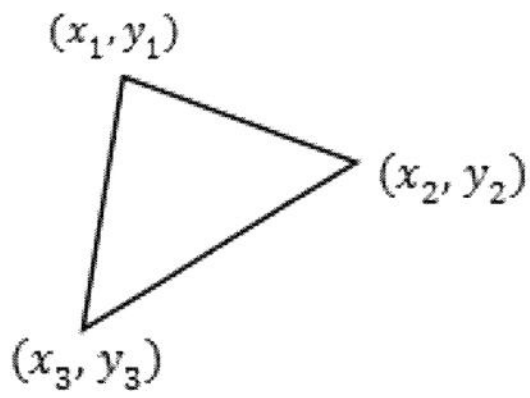


```
void setup() {
  background(255);
  size(250,250);
}

void draw() {
  triangle(10,10,200,50,100,200);
}
```

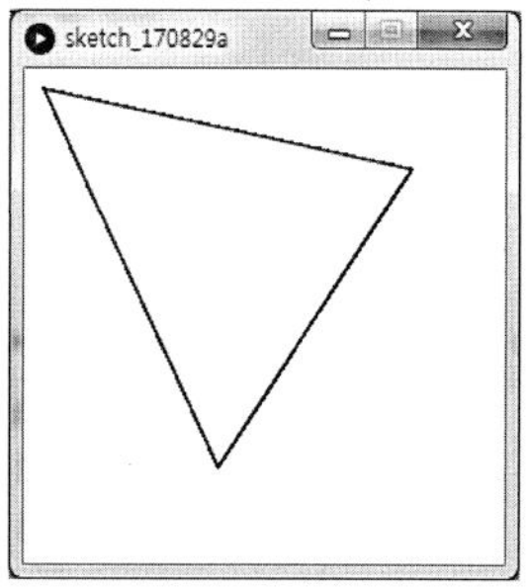

(4) 직사각형 그리기

직사각형의 시작점에서 가로 폭과 세로 폭 크기의 사각형을 그린다.

- rect(x,y,w,h) : 좌표 (x,y)에서 가로 길이 w, 세로 길이 h인 사각형을 그린다. 아래 예는 좌표 (10,10)에서 가로 길이 200, 세로 길이 100인 사각형을 그린다.

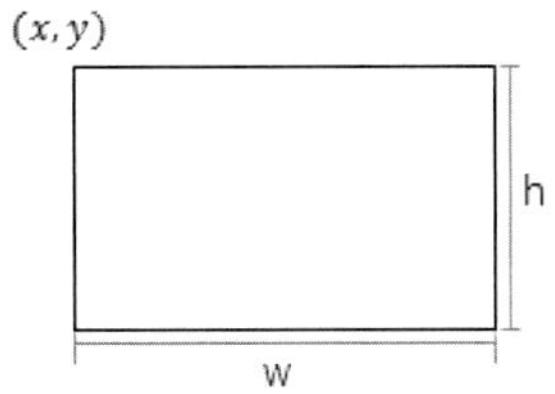


```
void setup() {
  background(255);
  size(250,250);
}

void draw() {
  rect(10,10,200,100);
}
```

(5) 임의의 사각형 그리기

네 점의 좌표를 연결하여 사각형을 그린다.

- quad(x_1,y_1,x_2,y_2,x_3,y_3,x_4,y_4) : 좌표 (x_1,y_1), (x_2,y_2), (x_3,y_3) 및 (x_4,y_4)를 꼭지점으로 하는 사각형을 그린다.

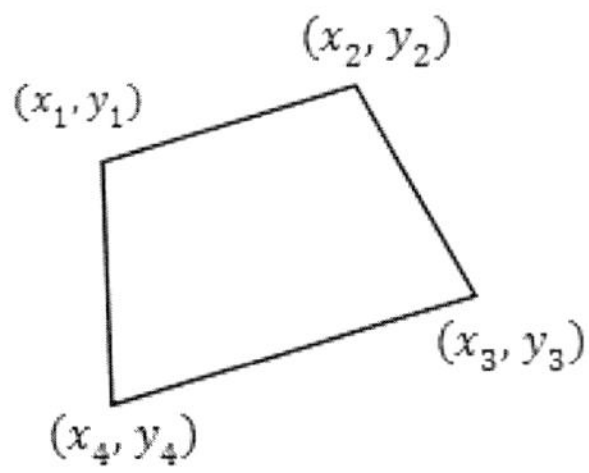

```
void setup() {
  background(255);
  size(250,250);
}

void draw() {
  quad(10,10,90,20,200,200,5,230);
}
```

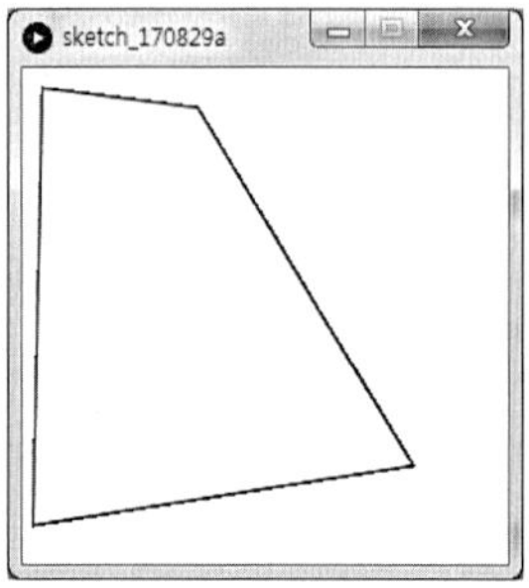

(6) 타원 그리기

중심 좌표로부터 가로 지름, 세로 지름의 타원을 그린다.

- ellipse(x,y,w,h) : (x,y)를 중심으로 가로 지름이 w, 세로 지름이 h인 타원을 그리다.

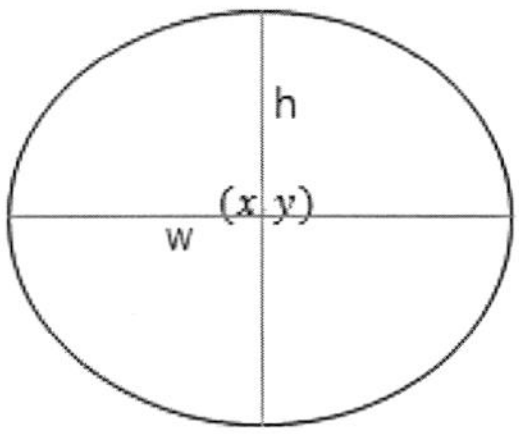


```
void setup() {
  background(255);
  size(250,250);
}

void draw() {
  ellipse(0,0,300,200);
  ellipse(width/2,height/2,50,50);
}
```

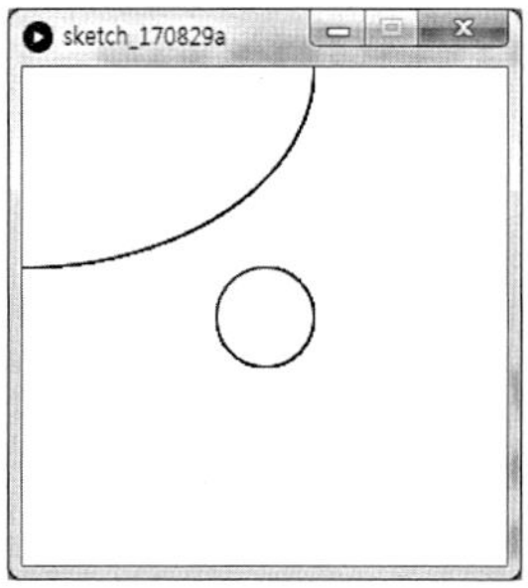

(7) 타원 일부 그리기

파이 모양으로 타원의 일부를 그릴 수 있다.

- arc(x,y,w,h,rad1,rad2) : rad_1(라디안 값)에서 시계 방향으로 rad_2(라디안 값)까지 중심 (x,y)에서 가로 지름 w, 세로 지름 h의 타원을 그린다.

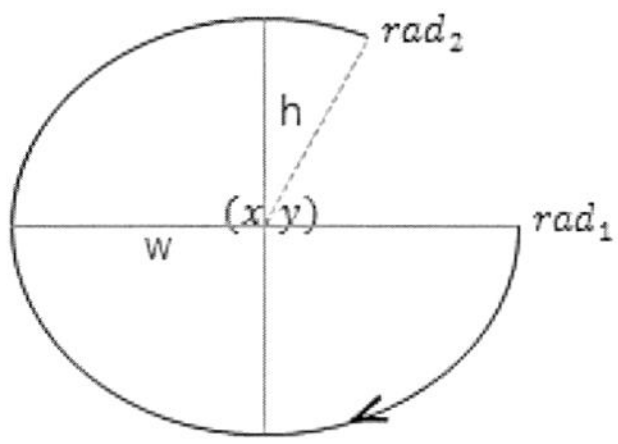

아래 예제에서 QUARTER_PI, HALF_PI, PI, TWO_PI는 $\pi/4$, $\pi/2$, π, 2π 라디안에 해당하는 값을 갖도록 시스템에서 정의된 상수이다. 각도를 사용하려면 radians(45), radians(210)과 같이 각도를 라디안으로 변경하는 함수 radians()을 사용한다.

```
void setup() {
  background(255);
  size(250,250);
}

void draw() {
  arc(30,30,60,60,0,QUARTER_PI+HALF_PI);
  arc(80,80,60,60,0,PI);
  arc(130,130,60,60,0,PI+HALF_PI);
  arc(180,180,60,60,PI,TWO_PI);

arc(225,225,40,40,radians(45),radians(225));
}
```

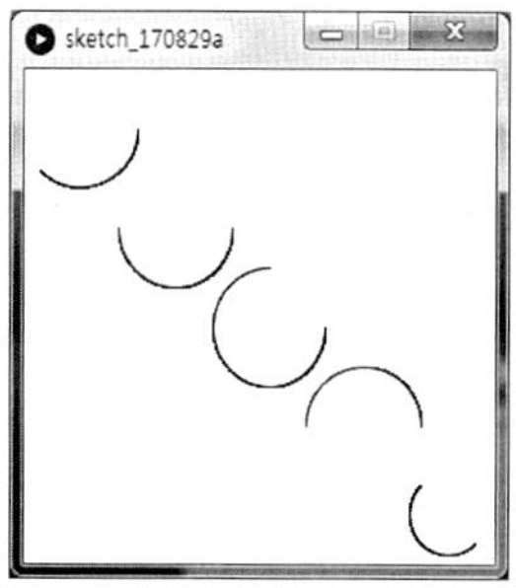

(8) 도형 그리는 순서

스케치에서 먼저 실행되는 명령문이 먼저 그려진다. 나중에 실행되는 그리기 명령문은 이전에 그려진 도형이 있으면 그 위에 그려진다. 아래 예제에서 rect()와 ellipse() 명령문의 순서를 바꾸어 실행 후 비교해 보자.

```
void setup() {
  background(255);
  size(250,250);
}

void draw() {
  rect(50,100,150,50);
  ellipse(width/2,height/2,100,100);
}
```

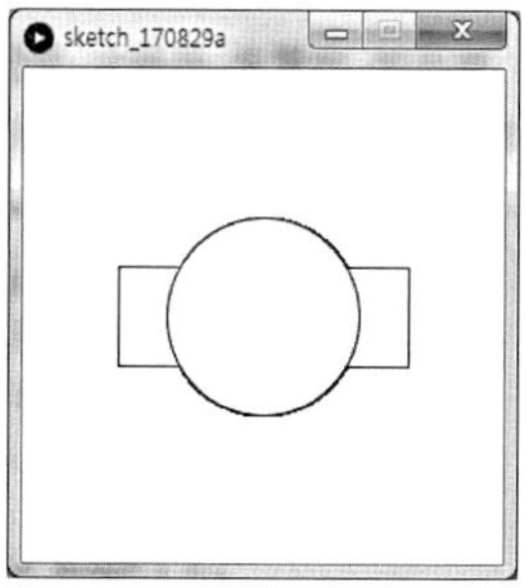

(9) 도형의 속성

도형의 속성으로 윤곽선의 두께, 윤곽선 부드럽게 처리하기, 도형 모서리 처리가 있다.

- smooth() : 윤곽선과 인접 화소를 결합하여 윤곽선을 부드럽게 그린다.
- noSmooth() : 윤곽선을 부드럽게 처리하기를 사용하지 않는다.

```
void setup() {
  background(255);
  size(250,250);
  smooth();
  ellipse(75,75,120,120);
}

void draw(){
  noSmooth();
  ellipse(175,175,120,120);
}
```

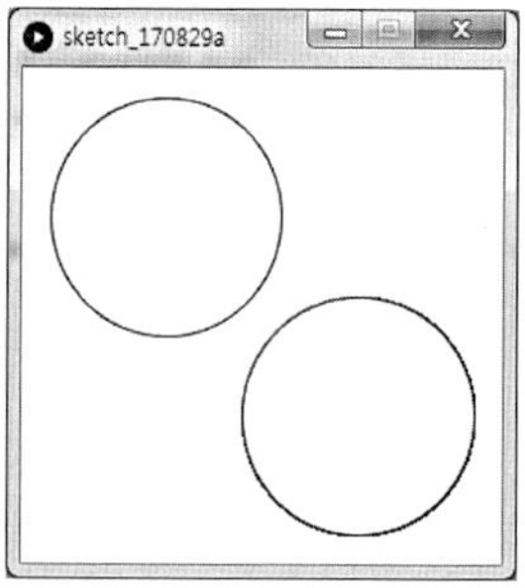

도형 윤곽선의 두께는 기본 설정 값이 1 화소이지만 strokeWeight() 함수를 사용하여 선의 두께를 변경할 수 있다. 도형의 모서리 모양은 strokeJoin() 함수로 지정할 수 있고 선의 끝 모양은 strokeCap() 함수로 지정할 수 있다.

- strokeWeight(d) : 윤곽선 두께를 d 화소로 변경한다.
- strokeJoin(s) : 모서리를 둥글게 하려면 s에 ROUND를, 빗각으로 하려면 BEVEL을, 직각이면 MITER을 사용한다.
- strokeCap(s) : 선 끝 모양을 직각으로 하려면 s에 SQUARE, 둥글게 하려면 ROUND를 사용한다.

아래 스케치에서 모든 명령문은 setup() 함수에 있어서 한 번만 실행된다. 따라서 명령문의 순서대로 기본 설정의 선 굵기 1로 사각형과 직선을 창의 좌측에 그린다. 선 굵기를 8 화소로 변경하고 모서리가 빗각인 사각형과 둥근 선 끝을 갖는 직선을 창 중앙에 그린다. 이어서 선 굵기를 12 화소로 지정하고 모서리가 둥근 사각형과 끝이 직각인 선을 창의 우측에 그린다.

```
void setup() {
  background(255);
  size(250,250);

  rect(5,5,50,50);
  line(5,70,60,240);

  strokeWeight(8);
  strokeJoin(BEVEL);
  rect(70,5,50,50);
  strokeCap(ROUND);
  line(70,70,125,240);

  strokeWeight(12);
  strokeJoin(ROUND);
  rect(135,5,50,50);
  strokeCap(SQUARE);
  line(135,70,210,240);
}
```

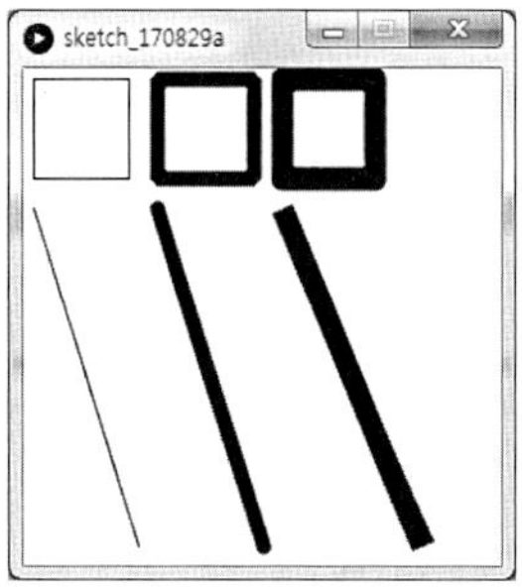

반면 아래와 같이 그리기 명령문을 반복 실행되는 draw() 함수에 넣자. draw() 함수가 처음 실행될 때는 위의 스케치와 실행 결과가 같지만 두 번째 실행부터는 우측 도형 그리기 속성이 좌측 도형을 그리기에도 적용되어 좌측 도형과 우측 도형이 동일한 속성을 갖게 된다. 이는 좌측 도형을 그리기 전에 해당 도형에 대한 속성을 지정하는 명령문이 없어서 맨 처음에는 기본 값으로 그려지지만 그 다음부터는 이전에 지정된 속성이 적용되기 때문이다.

```
void setup() {
  background(255);
  size(250,250);
}

void draw(){
  rect(5,5,50,50);
  line(5,70,60,240);

  strokeWeight(8);
  strokeJoin(BEVEL);
  rect(70,5,50,50);
  strokeCap(ROUND);
  line(70,70,125,240);

  strokeWeight(12);
  strokeJoin(ROUND);
  rect(135,5,50,50);
  strokeCap(SQUARE);
  line(135,70,210,240);
}
```

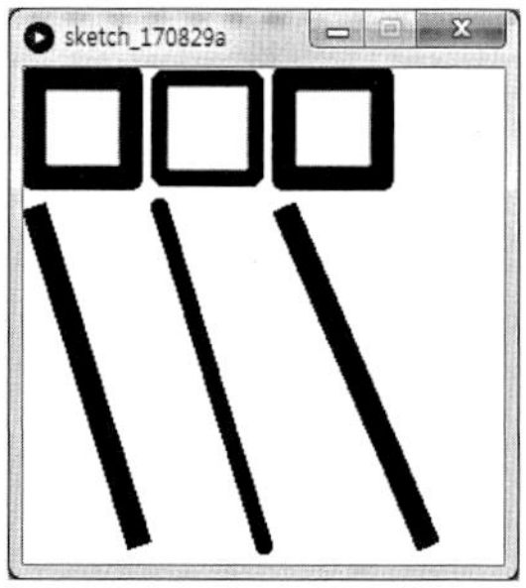

(10) 도형의 기준점 변경하기

타원 및 사각형을 그릴 때 기준이 되는 점을 좌측 모서리나 중앙으로 변경할 수 있다.

- rectMode(CORNER) : 기본 설정 모드로 rect(x,y,w,h)에서 (x,y)가 사각형의 좌측 상단 모서리 좌표이고 w와 h는 사각형 가로와 세로 길이가 된다.
- rectMode(RADIUS) : 이 모드를 설정하면 rect(x,y,w,h)에서 (x,y)가 사각형의 중심 좌표이고 w와 h는 사각형 중심에서 가로 끝까지와 세로 끝까지 길이가 된다.
- rectMode(CENTER) : 이 모드를 설정하면 rect(x,y,w,h)에서 (x,y)가 사각형의 중심 좌표이고 w와 h는 사각형 가로와 세로 길이가 된다.

```
void setup() {
  size(250, 250);
  background(255);

  rectMode(CORNER);
  fill(255);
  rect(0,0,50,50);

  rectMode(RADIUS);
  fill(200);
  rect(125,125,25,25);

  rectMode(CENTER);
  fill(150);
  rect(220,220,50,50);
}
```

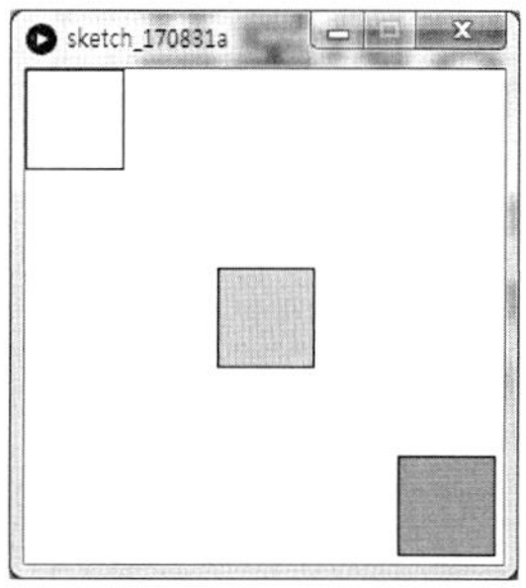

- ellipseMode(CORNER) : 기본 설정 모드로 ellipse(x,y,w,h)에서 (x,y)가 타원의 좌측 상단 모서리 좌표이고 w와 h는 타원의 x축 및 y축 지름이다.
- ellipseMode(RADIUS) : 이 모드를 설정하면 ellipse(x,y,w,h)에서 (x,y)가 타원의 중심 좌표이고 w와 h는 타원의 x축 및 y축 반지름이다.
- ellipseMode(CENTER) : 이 모드를 설정하면 ellipse(x,y,w,h)에서 (x,y)가 타원의 중심 좌표이고 w와 h는 x축 및 y축 지름이다.

```
void setup() {
  size(250, 250);
  background(255);

  ellipseMode(CORNER);
  fill(255);
  ellipse(0,0,50,50);

  ellipseMode(RADIUS);
  fill(200);
  ellipse(125,125,25,25);

  ellipseMode(CENTER);
  fill(150);
  ellipse(220,220,50,50);
}
```

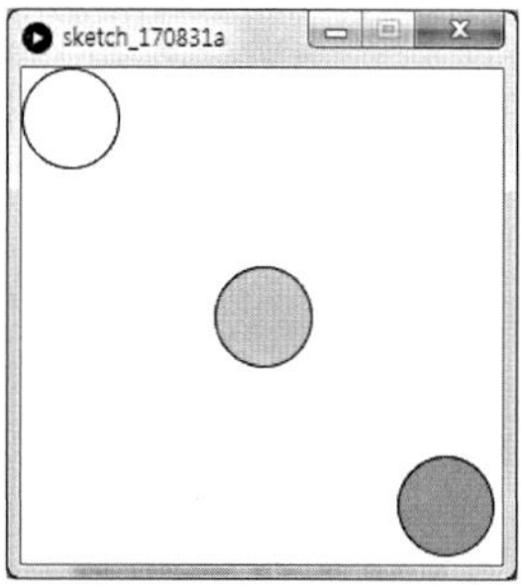

2) 사용자 정의 도형 그리기

기하학적 형태의 도형이 아니라 일련의 점(vertex)을 찍고 이들 점을 연결하는 방식으로 새로운 형태의 도형을 만들 수 있다. 이를 위해서는 beginShape() 함수로 도형의 시작을, vertex() 함수들로 점들을 지정한 후 endShape() 함수로 도형이 완성되었음을 알린다.

- beginShape() : 사용자 정의 도형의 시작을 알린다.
- vertex(x,y) : 좌표 (x,y)를 도형의 꼭지점으로 만든다.
- endShape() : 사용자 정의 도형의 완성을 알린다.

```
void setup() {
  background(255);
  size(250,250);

  beginShape();
  vertex(20, 20);
  vertex(40, 20);
  vertex(40, 40);
  vertex(60, 40);
  vertex(60, 60);
  vertex(20, 60);
  endShape(); // 시작점과 끝점이 연결 안 됨

  strokeWeight(4);
  beginShape();
  vertex(120, 120);
  vertex(140, 120);
  vertex(140, 140);
  vertex(160, 140);
  vertex(160, 160);
  vertex(120, 160);
  endShape(CLOSE); // 시작점과 끝점 연결
}
```

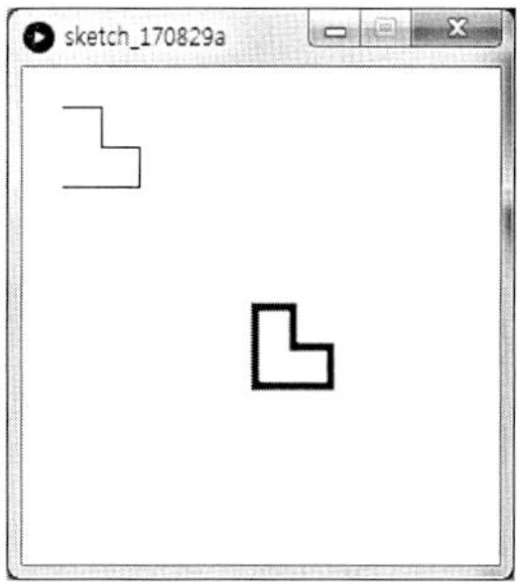

2.3 색 지정

1) 색 표시

색 지정을 위한 매개변수는 십진수 0(이진수 8비트 00000000) ~ 255(이진수 8비트 11111111) 값을 사용한다. 흑백이면 매개변수 0이 검은색, 128은 중간 회색, 255는 흰색을 의미한다([그림 2.2]). 칼라는 R(붉은색), G(초록색), B(파란색)라는 매개변수가 갖는 0~255의 RGB 명암 값이 혼합된 색으로 표시되며([그림 2.3]) 이진수로는 24비트(R 8비트, G 8비트, B 8비트)를 갖는다.

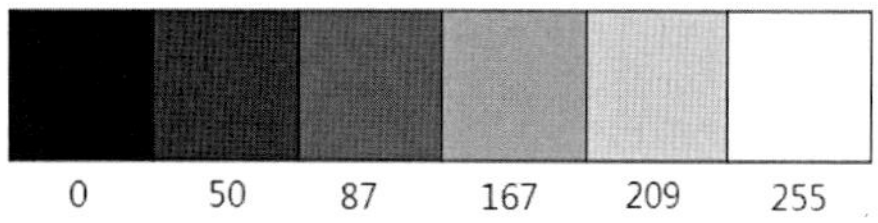

[그림 2.2] 0부터 255까지의 명암

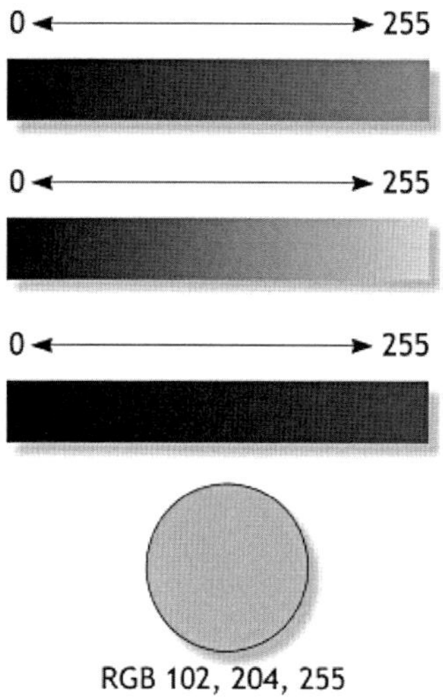

[그림 2.3] RGB 색 표시

이제 배경색 지정을 위한 background(), 윤곽선 색 지정을 위한 stroke() 및 도형 내부 채색을 위한 fill() 함수에 대해 알아보자.

- background(c) : 매개변수 c는 0(검정) ~ 255(흰색) 값을 갖고 해당 색으로 창의 배경색을 지정한다.

  예 background(0) 검정으로 지정, background(100) 회색으로 지정

- background(r, g, b) : 매개변수 r, g, b는 각각 붉은색, 초록색 및 파란색에 대한 0 ~ 255의 값을 가지며 이 세 가지의 혼합 색으로 배경 색을 지정한다.

  예 background(255,0,0)는 배경을 붉은색으로 지정, background(255,255,255)는 배경을 흰색으로 지정

- stroke(c) : 매개변수 c는 0(검정) ~ 255(흰색) 값을 갖고 해당 색으로 선 색을 지정한다.
- stroke(r, g, b) : 매개변수 r, g, b는 각각 붉은색, 초록색 및 파란색에 대한 0 ~ 255의 값을 가지며 이 세 가지의 혼합 색으로 선의 색을 지정한다.

  예 stroke(0,255,0)는 선 색을 초록으로 지정, stroke(0,0,0)는 선 색을 검정으로 지정

- fill(c) : 매개변수 c는 0(검정) ~ 255(흰색) 값을 갖고 도형 내부를 해당 색으로 칠한다.
- fill(r, g, b) : 매개변수 r, g, b는 각각 붉은색, 초록색 및 파란색에 대한 0 ~ 255의 값을 갖고 이 세 가지의 혼합 색으로 도형 내부를 칠한다.

  예 fill(0,255,0)는 도형 내부 색을 파란색으로 지정

```
void setup(){
  size(250, 250);
  background(255);

  fill(240);
  ellipse(125, 75, 140, 140); // 선색은 기본 검정색

  fill(175);
  stroke(125);
  ellipse(75, 175, 140, 140);

  fill(75);
  stroke(255);
  ellipse(175, 175, 140, 140);
}
```

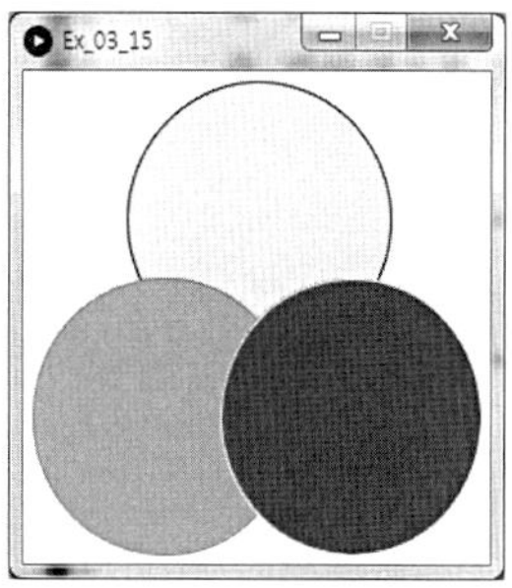

도형 내부 채우기를 없애려면 noFill() 함수를 사용하고 윤곽선을 없애려면 noStroke() 함수를 사용한다.

```
void setup(){
  size(250, 250);
  background(255);

  fill(240);
  noStroke();      // 윤곽선 없앰
  ellipse(125, 75, 140, 140);

  noFill();        // 도형 내부 채우기 없앰
  stroke(125);
  ellipse(75, 175, 140, 140);

  fill(75);
  stroke(255);
  ellipse(175, 175, 140, 140);
}
```

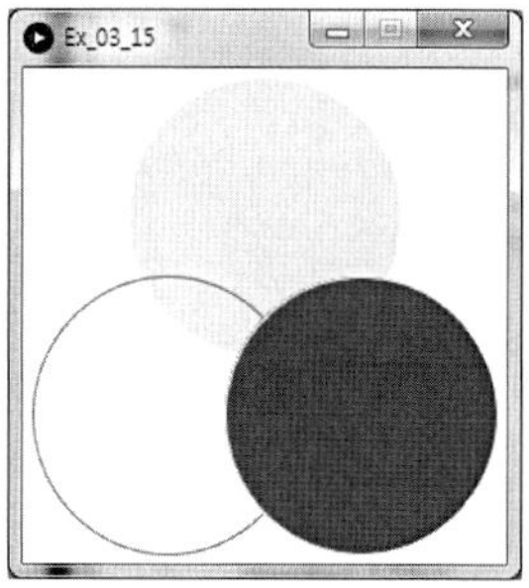

배경색 및 도형 내부 색을 칼라로 바꿔보자.

```
void setup(){
  size(250, 250);
  background(230,230,0);

  noStroke();
  fill(255,0,0);
  ellipse(125, 75, 140, 140);
  fill(0,255,0);
  ellipse(75, 175, 140, 140);
  fill(0,0,255);
  ellipse(175, 175, 140, 140);
}
```

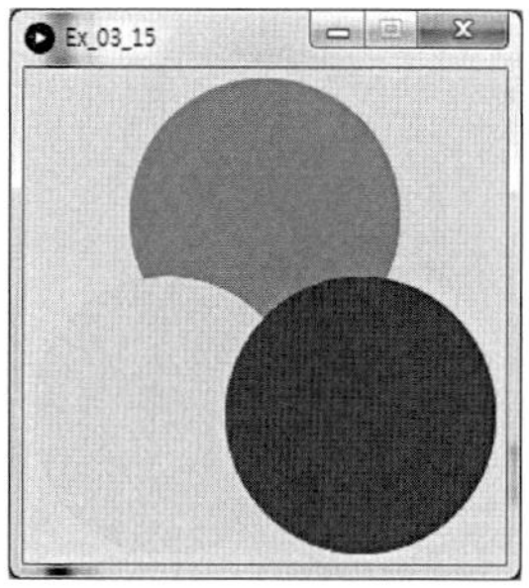

하단 우측 타원의 윤곽선 색을 흰색으로 바꿔보자.

```
void setup(){
  size(250, 250);
  background(230,230,0);

  noStroke();
  fill(255,0,0);
  ellipse(125, 75, 140, 140);
  fill(0,255,0);
  ellipse(75, 175, 140, 140);
  fill(0,0,255);
  stroke(255,255,255);   // stroke(255)와 동일
  ellipse(175, 175, 140, 140);
}
```

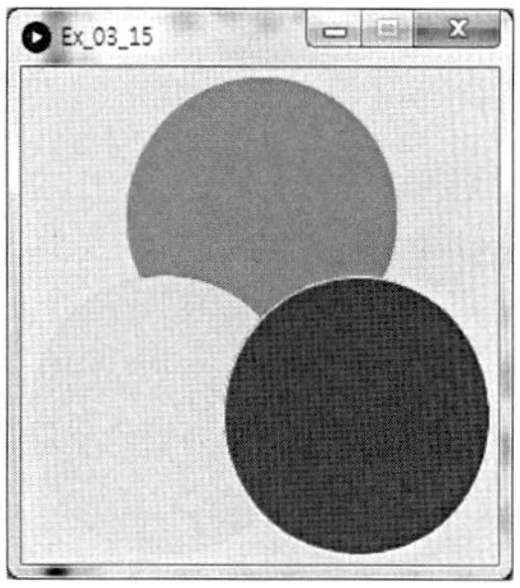

위에 있는 도형을 완전 또는 부분적으로 투명하게 하여 아래 있는 도형이 겹쳐 보이도록 하려면 RGB 색에 추가로 투명도(알파) 값(0~255)을 지정해야 한다(총 4*8=32비트). 위에 보인 예에서 도형을 반투명하게 변경해보자.

```
void setup(){
  size(250, 250);
  background(230,230,0);

  noStroke();
  fill(255,0,0,178);   // 투명도 값 178
  ellipse(125, 75, 140, 140);
  fill(0,255,0,178);
  ellipse(75, 175, 140, 140);
  fill(0,0,255,178);
  ellipse(175, 175, 140, 140);
}
```

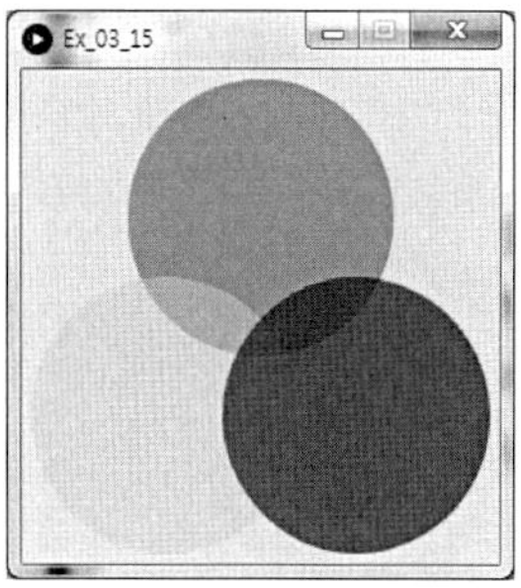

완전 투명하게(투명도 0), 완전 불투명하게(투명도 255) 변경해 본다.

```
void setup(){
  size(250, 250);
  background(230,230,0);

  noStroke();
  fill(255,0,0,0);  // 완전 투명
  ellipse(125, 75, 140, 140);
  fill(0,255,0,0);
  ellipse(75, 175, 140, 140);
  fill(0,0,255,0);
  ellipse(175, 175, 140, 140);
}
```

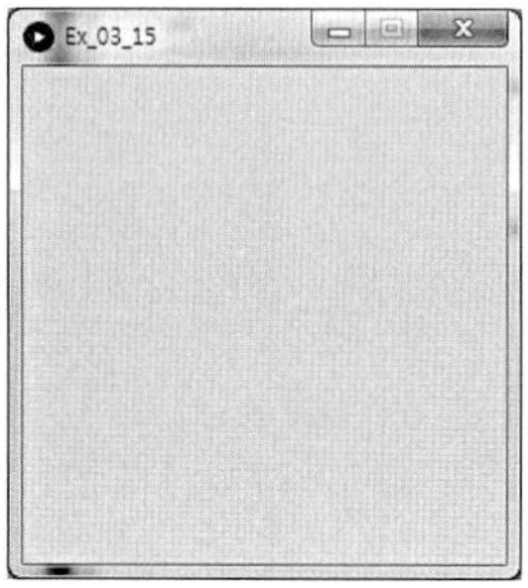


```
void setup(){
  size(250, 250);
  background(230,230,0);

  noStroke();
  fill(255,0,0,255);  // 완전 불투명
  ellipse(125, 75, 140, 140);
  fill(0,255,0,255);
  ellipse(75, 175, 140, 140);
  fill(0,0,255,255);
  ellipse(175, 175, 140, 140);
}
```

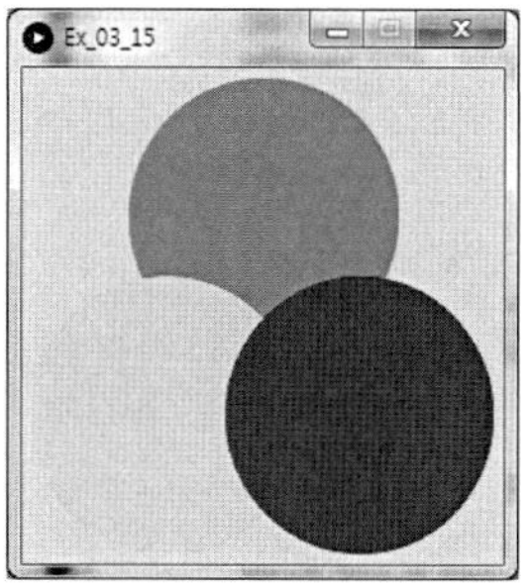

앞에서 설명한 것처럼 vertex()를 사용하면 복잡한 윤곽선을 갖는 도형을 그릴 수 있다. 아래 스케치와 같이 채색된 별 모양을 그려보자. 창의 중앙에 별의 중심점을 두면 정점의 x 좌표가 중심점을 기준으로 대칭이 된다.

```
void setup() {
  size(250, 250);
  background(255);
  smooth();
}

void draw(){
  fill(0,200,255);
  stroke(0,0,255);
  strokeWeight(1);
  beginShape();
  vertex(0.5*width+0, 0.5*height-50);
  vertex(0.5*width+14, 0.5*height-20);
  vertex(0.5*width+47, 0.5*height-15);
  vertex(0.5*width+23, 0.5*height+7);
  vertex(0.5*width+29, 0.5*height+40);
  vertex(0.5*width+0, 0.5*height+25);
  vertex(0.5*width-29, 0.5*height+40);
  vertex(0.5*width-23, 0.5*height+7);
  vertex(0.5*width-47, 0.5*height-15);
  vertex(0.5*width-14, 0.5*height-20);
  endShape(CLOSE);
}
```

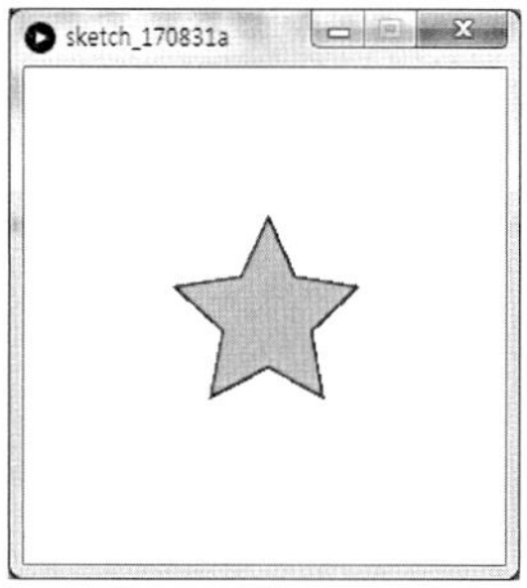

2) 색 값 알아내기

메뉴 '도구>색상 선택'을 클릭하면 [그림 2.4]와 같은 색상 선택 창이 열린다. 칼라 바에서 원하는 색을 선택하면 RGB 값을 알 수 있다. 프로그램에서는 RGB 24비트를 16 진수 8자리로 표시하는 것이 간편하기 때문에 [그림 2.4]의 창에서 '복사하기' 버튼을 누르면 #1DB240을 클립보드에 복사할 수 있다. 여기서 #은 16진수라는 뜻이고 1D는 R, B2는 G, 40은 B에 대한 명암 값의 16진수 표기이다. 2진수 4자리는 십진수로 0~15인 수이고 이는 16진수 0에서 F로 표기된다([그림 2.5]).

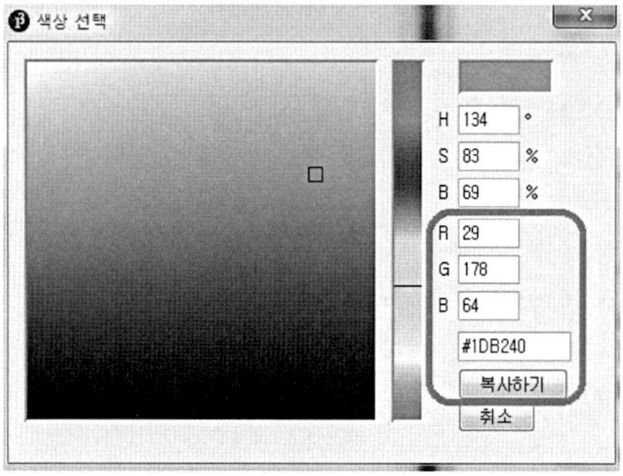

[그림 2.4] 색상 선택 도구 창

10진법	2진법	16진법	10진법	2진법	16진법
0	0000	0	8	1000	8
1	0001	1	9	1001	9
2	0010	2	10	1010	A
3	0011	3	11	1011	B
4	0100	4	12	1100	C
5	0101	5	13	1101	D
6	0110	6	14	1110	E
7	0111	7	15	1111	F

[그림 2.5] 십진수, 이진수 및 16진수

연습

아래 그림과 같은 모양의 캐릭터를 도형을 이용하여 그려보자.

처음 프로그래밍을 배운 학생이 비슷하게 그려본 스케치이다.

```
void setup() {
  background(255);
  size(500,500);
  smooth();
  strokeWeight(5);
  strokeJoin(ROUND);
  fill(240,170,20);
  arc(215,270,150,180,1.5,5);
  arc(230,270,220,190,-1,1);
  ellipse(215,433,55,50);
  ellipse(267,425,68,65);
  arc(280,260,220,500,PI-0.69,PI+0.05);
  rectMode(CENTER);
  noStroke();
  rect(246,297,95,260);
  stroke(4);
  arc(218,318,180,600,-0.1,0.4);
  line(225,317,235,430);
```

```
  noStroke();
  rect(246,320,80,80);
  strokeWeight(5);
  strokeJoin(ROUND);
  stroke(4);
  arc(200,68,52,49,PI,QUARTER_PI+HALF_PI+PI);
  arc(310,85,58,44,PI,TWO_PI+QUARTER_PI);
  ellipse(230,150,230,200);
  strokeJoin(BEVEL);
  strokeWeight(8);
  line(147,82,190,82);
  line(233,82,280,82);
  fill(0);
  strokeWeight(9);
  ellipse(165,103,8,8);
  ellipse(255,103,8,8);
  noFill();
  arc(190,138,37,34,QUARTER_PI,QUARTER_PI+HALF_PI+PI);
  arc(213,138,37,36,QUARTER_PI+PI,TWO_PI+QUARTER_PI+HALF_PI);
  noStroke();
  fill(255);
  ellipse(190,138,37,34);
  ellipse(213,138,37,36);
  stroke(4);
  ellipse(200,121,9,9);
  noStroke();
  fill(255);
  arc(230,300,100,98,QUARTER_PI,PI+QUARTER_PI);
  arc(247,300,100,98,-QUARTER_PI,QUARTER_PI+HALF_PI);
  beginShape();
    vertex(239,260);
    vertex(200,300);
    vertex(239,340);
    vertex(272,300);
  endShape(CLOSE);
}
```

03

변수와 제어문

프로그램은 일상에서 이루어지는 작업을 자동화하기 위한 것이다. 가령 사람(또는 기계 그 무엇이든)은 어떤 조건(상황)에서 행동(동작)을 하고 그 행동(동작)으로 인해 새로운 조건(상황)이 만들어진다. 프로그램 관점에서 간략화하면 조건(상황)은 데이터로, 행동(동작)은 명령문의 집합으로 볼 수 있다. 기능이나 용도에 따라 명령문들을 구분해서 모아 놓은 것을 함수라 부른다. 따라서 모든 스케치는 데이터와 데이터 처리를 위한 명령문을 포함하는 함수로 구성된다. 이 장에서 데이터 처리를 위한 변수와 조건(상황)에 따라 처리되는 명령문의 흐름을 제어하는 방법에 대해 설명한다.

3.1 변수

모든 프로그램에서 데이터는 주소가 있는 메모리에 저장된다. 데이터를 얻고 저장할 때 이 주소를 사용한다면 매우 불편할 것이다. 변수를 만들면 이 변수에 자동으로 주소와 함께 메모리 공간이 할당된다. 프로그래머는 주소 대신 변수를 기억하면 된다. 우리가 이름 대신 주민등록번호를 기억해서 친구를 불러야 한다면 얼마나 불편하겠는가. 어떤 대상의 이름이 그 모양이나 특징과 연관되어 있으면 이름을 기억하기 쉬운 것처럼 변수를 만들 때 변수의 기능과 연관 지어 이름을 짓는 것이 기억하기 쉽다. 물론 반드시 지켜야 하는 것은 아니다. 예로 더하기 계산 결과를 저장할 변수라면 sum 또는 total, 평균을 저장할 변수라면 average 또는 이를 줄여 avg로 사용한다. 이렇게 하면 변수만 보아도 어떤 데이터를 갖고 있을지 예측이 가능하다.

변수를 사용하는 이유는 데이터를 메모리에 저장하기 위한 것이지만 변수를 사용하면 코드의 반복 작성을 피할 수 있고 코드를 더 일반적으로 만들어서 쉽게 변경할 수 있도록 해준다. 다음 스케치는 세 개의 타원을 그린다. 타원의 중심 좌표와 크기를 변경하려면 타원 개수만큼 숫자를 반복 변경해야 한다. 그 다음 스케치와 같이 변수 x, y, w, h를 사용하면 타원 개수와 관계없이 한 번만 변경하면 되고 코드가 길고 복잡해도 그 변경 위치를 찾기 쉬워서 코드 수정 및 업그레이드가 용이해진다.

- 반복되는 숫자(데이터)가 사용되면 숫자를 변수로 바꿔서 숫자의 반복을 줄이고 코드의 수정을 쉽게 한다.
- 변수의 이름은 숫자의 역할과 연관되게 한다(스케치에서 타원 중심 좌표 숫자는 변수 x, y, 가로 지름은 w, 세로 지름 h.

```
void setup() {
  background(255);
  size(250,250);

  ellipse(50,150,50,40);
  ellipse(100,150,50,40);
  ellipse(150,150,50,40);
}
```

```
void setup() {
  int x = 50;
  int y = 150;
  int w = 50, h = 40;

  background(255);
  size(250,250);

  ellipse(x,y,w,h);
  ellipse(x+50,y,w,h);
  ellipse(x+100,y,w,h);
}
```

1) 변수 만들기

변수(variable)는 데이터가 저장된 기억장치의 주소를 나타내며 프로그램 실행 중에 다른 값을 가질(저장) 수 있다. 즉 변하는 값을 갖는다. 반면에 상수는 프로그램에서 변하지 않는 값을 갖는다. 변수를 만들려면 데이터 유형, 변수 이름, 값을 지정해야 한다.

- 데이터 유형 변수 이름 = 값

```
int x = 0;
```

데이터 유형(data type)에 따라 변수에 저장할 수 있는 값의 범위가 다르다. 즉 메모리에서 할당되는 바이트 수가 다르다. 이진 값(boolean), 정수(int), 실수(float, double), 문자(char), 단어, 문자열을 저장할 수 있는 데이터 유형이 있다. 이는 메모리라는 한정된 자원을 효과적으로 사용하기 위함이다. 이진 값을 저장하는데 1비트면 되니 정수나 실수와 동일한 메모리 공간을 할당하면 메모리 공간을 낭비하게 된다. 기본적으로 변수를 만들면서 초기 값도 주어야 한다. 변수를 만들면 메모리가 할당되고 변수는 할당받은 메모리 공간에 있던 이전 데이터의 값을 갖는다(이를 쓰레기(garbage)라 부름). 이로 인해 오류가 발생할 수 있기 때문에 특정한 초기 값이나 0을 할당한다. 프로세싱에서는 변수를 만들면 자동으로 0인 값을 갖도록 초기화 된다.

변수 이름을 만들 때 반드시 지켜야할 규칙이 있다.

- 변수 이름으로 프로세싱 언어의 키워드(특정한 용도 지정된 예약어, setup 등)나 시스템 변수(mouseX, mouseY 등)를 사용해서는 안 된다.
- 영문 대소문자, 숫자, _를 사용하지만 숫자로 시작하면 안 된다.

```
int x1, n_count
```

변수 이름을 만들 때 오류를 발생하지 않지만 지키면 좋은 규칙이 있다.

- 의미 있는 이름을 사용한다.

```
sum, total
```

- 의미를 부여할 때 두 단어를 조합하는 경우 뒤 단어 첫 문자는 대문자로 한다.

```
int circleColor
```

2) 데이터 유형

[그림 3.1]에 프로세싱에서 사용하는 데이터 유형을 정리하였다. 유형별로 할당되는 메모리 크기가 다르며 그에 따라 저장할 데이터의 범위가 결정된다.

데이터 유형	값(유효 범위)	메모리 할당
Boolean	참(true, 1) 또는 거짓(false, 0)	1 비트
char	문자, ‘a’, ‘〈’, ‘7’ 등	1 바이트(8 비트)
byte	−128 ~ 127	1 바이트
short	−32768 ~ 32767	2 바이트
int	−2,147,483,648 ~ 2,147,483,647	4 바이트
long		8 바이트
float	−3.40282347E+38 ~ 3.40282347E+38	4 바이트
String	문자열	

[그림 3.1] 데이터 유형과 유효 범위

Boolean 형은 참(1), 거짓(0)만을 저장하니 1 비트가 할당된다. 우리는 자판의 문자를 그 자체로 이해하고 처리할 수 있지만 컴퓨터는 이진수만 읽고 처리하므로 문자를 그에 고유한 숫자로 변환해서 사용한다. 이를 아스키(ascii) 코드라 부른다([그림 3.2]). 자판 문자는 127개 이므로 문자형 char(character 줄임)는 1 바이트(0 ~ 255(2^8-1))로 처리할 수 있다. 실제 아스키 코드는 상위 1비트를 제외한 7비트만 사용 된다(0 ~ 127(2^7-1)). 데이터 유형 앞에 unsigned (부호 없는)를 붙일 수 있다. byte는 -128 ~ 127이 유효범위 인데 음수를 사용하지 않는다면 unsigned byte로 유효범위는 0 ~ 255가 된다.

10진법	ASCII	10진법	ASCII	10진법	ASCII	10진법	ASCII
0	NULL	32	SP	64	@	96	·
1	SOH	33	!	65	A	97	a
2	RTX	34	"	66	B	98	b
3	ETX	35	#	67	C	99	c
4	EOT	36	$	68	D	100	d
5	ENQ	37	%	69	E	101	e
6	ACK	38	&	70	F	102	f
7	BEL	39	`	71	G	103	g
8	BS	40	(	72	H	104	h
9	HT	41	)	73	I	105	i
10	LF	42	*	74	J	106	j
11	VT	43	+	75	K	107	k
12	FF	44	`	76	L	108	l
13	CR	45	–	77	M	109	m
14	SO	46	·	78	N	110	n
15	SI	47	/	79	O	111	o
16	DLE	48	0	80	P	112	p
17	DC1	49	1	81	Q	113	q
18	SC2	50	2	82	R	114	r
19	SC3	51	3	83	S	115	s
20	SC4	52	4	84	T	116	t
21	NAK	53	5	85	U	117	u
22	SYN	54	6	86	V	118	v
23	ETB	55	7	87	W	119	w
24	CAN	56	8	88	X	120	x
25	EM	57	9	89	Y	121	y
26	SUB	58	:	90	Z	122	z
27	ESC	59	;	91	[	123	{
28	FS	60	〈	92	₩	124	|
29	GS	61	=	93	]	125	}
30	RS	62	〉	94	^	126	~
31	US	63	?	95	_	127	DEL

[그림 3.2] 아스키 코드 표

[그림 3.3]의 스케치를 실행하면 draw() 함수가 반복 실행되므로 변수 i 값이 프로세싱 개발환경 하단의 콘솔 창에 반복 출력된다.

```
byte i;

void draw(){
  i = 127;
  println(i);
}
```

→
```
127
127
127
```

[그림 3.3] 변수 값 출력

이번에는 [그림 3.4]의 스케치를 실행해 보자. 변수 i는 byte 형으로 -128 ~ 127의 수를 저장할 수 있다. 그런데 i = 200에서 유효범위 밖의 수를 저장하려니 오류가 난 것이다. 데이터 유형은 데이터를 저장할 그릇의 크기(유효 범위)를 지정하기 때문에 그릇 보다 큰 것을 담으려 하면 오류가 난다. 따라서 변수 i의 데이터 유형을 더 큰 그릇인 int i로 바꿔야 한다.

```
byte i;

void draw(){
  i = 200;
  println(i);
}
```

에러 메시지

→ `cannot convert from int to byte`

[그림 3.4] 변수 값의 유효 범위

- 변수가 프로그램 실행 중에 가질 수 있는 최대 범위를 고려하여 그 변수의 데이터 유형을 결정한다.

3) 변수의 유효 범위

블록({ })이나 함수 내에서 만든 변수를 지역변수라 하고 함수 밖에서 만든 변수는 전역변수라 한다. 지역변수는 만들어진 블록이나 함수 내에서만 유효한 반면에 전역변수는 스케치 전체에서 유효하다.

[그림 3.5]의 스케치를 보면 변수 i=12는 전역변수로 스케치 전체에서 유효하고 변수 i=24는 지역변수로 setup() 함수 내에서만 유효하다. setup()이 실행되면 출력 창에 24가 출력되고 draw()가 실행되면 전역변수 i가 출력된다. [그림 3.6]의 스케치는 draw()가 실행될 때 오류가 발생한다. 변수 i가 지역에 존재하지 않고 전역변수도 없기 때문이다.

```
int i = 12;

void setup(){
  size(250,250);
  int i = 24;            → 24
  println(i);
}

void draw(){
  println(i);            → 12
}                          12
                           12
```

[그림 3.5] 지역변수와 전역변수

```
void setup(){
  size(250,250);
  int i = 24;            → 24
  println(i);
}

void draw(){               에러 메시지
  println(i);            → Cannot find anything named "i"
}
```

[그림 3.6] 지역변수의 유효범위

- 지역변수(local variable) : 함수 또는 블록({ })내에 선언되어 함수 및 블록 내에서만 유효한 변수
- 전역변수(global variable) : 함수 외부에서 선언, 어디서든 유효하게 사용할 수 있다.
- 특정 블록 또는 함수 내에 같은 이름의 지역변수와 전역변수가 존재하면 지역변수가 우선한다.

변수 count를 전역변수와 지역변수로 각각 사용하고 있는 다음 두 스케치의 차이를 생각해 보고 그 실행 결과와 비교해 보자.

```
int count = 0;

void setup(){
  size(250,250);
}

void draw(){
  count = count + 1;
  background(count);
}
```

```
void setup(){
  size(250,250);
}

void draw(){
  int count = 0;

  count = count + 1;
  background(count);
}
```

4) 시스템 변수

다음은 프로세싱에서 사용하는 시스템 변수 중 일부로 프로그래밍에서 매우 유용하게 사용된다.

- width, height : size() 함수로 만든 창의 가로 폭과 세로 폭의 픽셀 수
- frameCount : 프레임 처리된(지나간) 횟수
- frameRate : 초당 프레임 처리 수(1~60)
- displayWidth : 컴퓨터 디스플레이 전체 화면의 가로 폭 픽셀 수
- displayHeight : 컴퓨터 디스플레이 전체 화면의 세로 폭 픽셀 수
- key : 가장 최근에 키보드에서 누른 키
- keyCode : 키보드를 눌렀을 때 키의 숫자(아스키) 코드
- keyPressed : 키가 눌렸으면 참(true, 1) 아니면 거짓(false, 0)으로 반환
- mousePressed : 마우스를 누르면 참 또는 아니면 거짓으로 반환
- mouseButton : 왼쪽, 오른쪽, 휠 버튼 가운데 어느 것이 눌렸는지 반환
- mouseX, mouseY : 마우스 현재 위치 좌표
- pmouseX, pmouseY : 마우스 현재 이전 좌표

아래 스케치에서 displayWidth와 displayHeight는 이 스케치가 실행되는 컴퓨터 디스플레이 해상도의 가로와 세로 화소 수를 갖기 때문에 size()가 실행되면 실행 창은 디스플레이 장치 크기와 같아져 전체 화면이 된다. width와 height도 전체 창의 가로와 세로의 픽셀 수를 갖게 된다. width와 height도 시스템 변수이기 때문에 사용자가 폭과 높이라는 의미의 변수로 이 이름을 사용할 수 없다.

```
void setup() {
  int w = 300, h = 200;
  background(255);

  size(displayWidth,displayHeight);

  line(0,0,width-1,height-1);
  line(width-1,0,0,height-1);
  ellipse(0.5*width,0.5*height,w,h);
}
```

3.2 연산자

프로그래밍은 데이터 처리를 위한 계산을 필요로 하며, 이 계산은 단순 산술적 연산에서부터 관계 연산자와 논리 연산자를 포함한다.

1) 산술 연산자

산술 연산자는 단순한 사칙 연산에 필요한 연산자로 더하게, 빼기, 곱하기, 나누기 및 나머지 연산이 있다.

연산자	기호	예
더하기	+	y=2*x+3
빼기	–	
곱하기	*	
나누기	/	10/3
나머지	%	10%3

나누기에서 주의해야 할 점은 정수/정수의 결과는 정수로 나온다는 점이다. 분자와 분모 가운데 하나라도 실수이면 결과는 실수로 나온다(예 3.0/2 = 1.5, 3/2 = 1).

2) 대입 연산자

대입 연산자(=)는 왼쪽의 변수에 오른쪽에 있는 수식이나 변수의 값을 대입(왼쪽 변수에 할당된 메모리에 저장)할 때 사용한다. 반드시 대입 연산자 왼쪽에는 변수가 와야 한다.

```
x + 2 = 0;  (틀림)
2 = x; (틀림)
x = 2; (맞음)
y = 2*x; (맞음)
x = 3*x + y; (맞음)
```

콤마(,)를 사용하면 여러 줄을 한 줄로 줄여 쓸 수 있다.

```
int x = 0;
int y = 0;
→ int x = 0, y = 0;
```

변수의 계산 결과를 다시 변수 자신에 대입하는 경우 복합 대입 연산자를 사용해 식을 줄여 쓸 수 있다.

```
x = x + 1;  →  x += 1;  →  x++;
x = x - 1;  →  x -= 1;  →  x--;
x = x*5; → x *= 5;
x = x / y; → x /= y;
```

3) 관계 연산자

관계 연산자는 두 개의 피 연산자를 비교하여 그 결과로 참(true, 1) 또는 거짓(false, 0)을 제공한다. 관계 연산자는 주어진 조건이 만족하는지 여부를 확인할 때 사용된다. 가령 에어컨이라면 현재 실내 온도가 사용자가 설정한 온도보다 높은지 여부를 묻고 조건의 만족 여부(참 또는 거짓)에 따라 에어컨의 작동이 달라질 수 있다.

연산자 기호	의미	예
==	같은가?	x == y
!=	다른가?	x != y
〉	큰가?	x 〉 y
〈	작은가?	x 〈 y
〉=	크거나 같은가?	x 〉= y
〈=	작거나 같은가?	x 〈= y

1 == 1은 참으로 1, 1 != 2는 참으로 1 이고 2<1 거짓으로 0이다.
(3 >= 2) + 5에서 (3 >= 2)은 참으로 1이고 여기에 5를 더하니 6이다.

4) 논리 연산자

관계 연산자로 이루어진 두 조건을 논리적으로 결합할 때 사용한다. 에어컨이라면 실내 온도가 사용자 설정 온도보다 높거나 또는 습도가 사용자 설정 습도 보다 높으면 실외기를 작동시킨다고 하자. 이때 실외기의 작동 조건은 온도 조건을 만족하거나 또는 습도 조건을 만족하는 즉 두 조건의 논리합이 참인 경우이다.

<table>
<tr><th>연산자</th><th>기호</th><th>의미</th><th>예</th></tr>
<tr><td>논리곱</td><td>&&</td><td>두 조건이 모두 만족하면 참</td><td>x && y</td></tr>
<tr><td>논리합</td><td>||</td><td>두 조건 가운데 하나만 만족해도 참</td><td>x || y</td></tr>
<tr><td>부정</td><td>!!</td><td>참이면 거짓, 거짓이면 참</td><td>!x</td></tr>
</table>

논리 연산자는 피 연사자의 참, 거짓에 따라 다음과 같은 연산 결과를 갖는다.

<table>
<tr><th>x</th><th>y</th><th>x && y</th><th>x || y</th><th>!x</th></tr>
<tr><td>F</td><td>F</td><td>F</td><td>F</td><td>T</td></tr>
<tr><td>F</td><td>T</td><td>F</td><td>T</td><td>T</td></tr>
<tr><td>T</td><td>F</td><td>F</td><td>T</td><td>F</td></tr>
<tr><td>T</td><td>T</td><td>T</td><td>T</td><td>F</td></tr>
</table>

- 변수 age = 27, toeic = 800이면 논리곱으로 결합된 아래 식은 참, 즉 1이다.

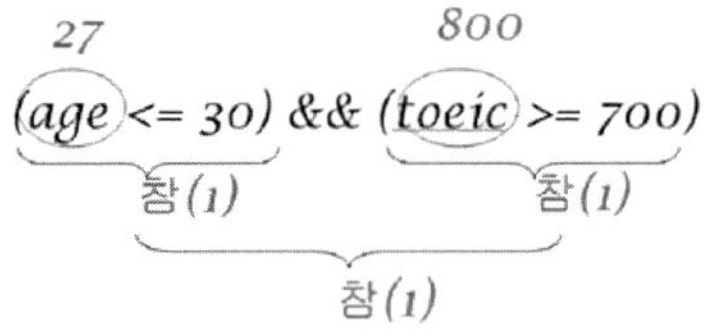

- 변수 age = 27, toeic = 699이라면 논리합으로 결합된 아래 식은 참, 즉 1이다.

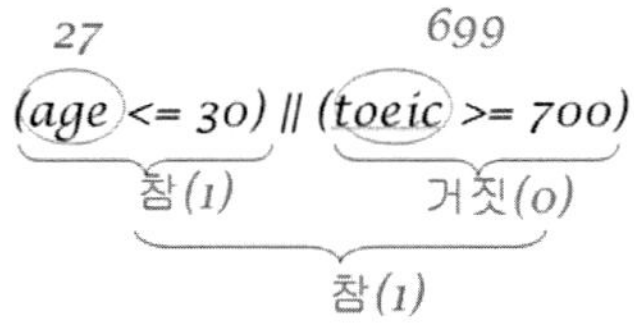

- result = !1; 이면 result에는 0이 대입된다. result = !(2==3)이면 result에 1이 대입된다.
- 부등식 $2 < x < 5$는 두 개의 부등식 $2 < x$와 $x < 5$를 동시에 만족해야 하므로 두 부등식이 논리곱으로 결합된 것이다($2 < x$ && $x < 5$).

5) 비트 논리 연산자

비트 논리 연산자는 논리 연산을 비트 단위로 한다. 연산 대상인 피 연산자의 비트 값이 참 또는 거짓에 따라 아래와 같은 연산 결과를 갖는다.

연산자	기호	의미	예
논리곱	&	두 비트가 모두 만족하면 참	x & y
논리합	|	두 비트 가운데 하나만 만족해도 참	x | y
부정	!	참이면 거짓, 거짓이면 참	!x

비트 논리 연산자는 피 연산자 비트의 참, 거짓에 따라 다음과 같은 연산 결과를 갖는다.

x	y	x & y	x | y	!x
F	F	F	F	T
F	T	F	T	T
T	F	F	T	F
T	T	T	T	F

바이트 형 변수 x = 3, y = 4이 있다고 하자. x, y를 논리곱 연산(x && y)은 참 && 참이므로 결과도 참이지만 비트 논리 연산은 바로 알 수 없다. 아래와 같이 x & y = 0, x | y = 7이 된다.

```
byte x = 3, y = 4;
x && y = 참 && 참 = 참(1)
x & y = 00000011
       & 00000100
       ___________
       - 00000000 = 0
x | y = 00000011
       | 00000100
       ___________
     = 00000111 = 7
```

6) 연산자 우선순위

산술연산에서 곱하기와 나누기가 우선순위가 높아 먼저 계산되는 것처럼 한 줄에 다수의 연산자를 사용할 경우 연산자 우선순위가 높은 것이 먼저 실행된다. 아래 연산자 표에서 위에 있을수록 왼쪽에 있을수록 우선순위가 높다.

이름	기호	예
괄호	()	a*(b+c)
단항 연산자	++ -- !	a++ !b
곱하기, 나누기	* / %	a*b
더하기, 빼기	+ -	a + b
관계 연산자	〉〈 〈= 〉=	a 〉 b
등식	== !=	a != b a == b
논리곱	&&	a && b
논리합	||	a || b
대입	= += -= *= /=	a = 10 a =+ 10

어렵게 우선순위를 암기할 필요는 없다. 다음 세 가지만 기억하면 된다.

- 복잡한 연산 식에 괄호()를 사용한다. 괄호의 우선순위가 가장 높기 때문에 우선순위를 기억할 필요 없이 먼저 계산되어야 하는 식에 ()를 넣는다. 그러면 아무리 복잡한 연산식이라 해도 헷갈리지 않는다.
- 우선순위가 같을 때는 왼쪽부터 계산된다.
- 단항 연산자를 제외하면 사칙(산술)연산자의 우선순위가 가장 높다.

아래 계산식을 보면 가장 안쪽의 괄호인 1과 2 가운데 왼쪽부터 계산된다. 그 다음으로 관계 연산자보다 우선순위가 높은 산술연산자 3과 4가 계산되고 괄호로 묶인 관계연산자 5와 6이 계산된 후 논리연산자 7이 계산된다.

```
x  = 1, y = 2;
( (x+2)*3 < 4 ) && ( (y/2 +3) > 1 )
    1                2
=( 3*3 < 4 ) && ( (2/2 +3) > 1)
    3              4
  -----------     -----------
       5               6
= 0 && 1
    7
= 0(거짓)
```

7) 형 변환

작은 그릇에 담긴 물을 큰 그릇에 담을 때는 문제가 없지만 큰 그릇에 담긴 물을 작은 그릇에 담을 때는 넘치는 문제가 발생한다. 데이터의 유형에 따라 할당된 메모리의 크기가 다르기 때문에 이로 인해 문제가 발생하지 않도록 자동으로 데이터 형이 변환된다.

- 서로 다른 데이터 유형의 변수가 같은 식에 사용되면 큰 그릇 즉 할당된 메모리가 큰 유형으로 데이터 유형이 자동 변환된다.

```
int x = 10;
float y = 0; // 실제는 실수 0 즉 0.0이 y에 대입
y = x + 1.5; // x의 10이 10.0으로 자동 변환되어 10.0 + 1.5 = 11.5가 y에
대입
int i;
i = 3/2; // i에는 1이 대입
```

- 강제로 형을 변환하고자 하면 숫자나 변수 앞에 (데이터 유형)을 입력한다.

```
(int) 3.456 → 3
(float) x
3/2 → 1
(float) (3/2) → (float) (1) → 1.0
(float)3/2 → 3.0/2 → 3.0/2.0 → 1.5
```

3.3 제어문

프로그램의 명령문은 위에서 아래로 순차적으로 실행되지만 조건을 검사하여 조건에 맞는 경로의 명령문을 실행해야 할 때도 있고 조건이 맞으면 반복해서 명령문을 실행해야 될 때도 있다. 이와 같이 명령문의 실행 흐름을 제어할 때 제어문을 사용한다.

1) 조건문

(1) if 문

다음과 형식의 if 조건문은 조건식이 참인 경우에만 if 블록({})에 포함된 명령문이 실행된다.

```
if (조건식){
  명령문;
}
```

아래 형식의 조건문은 조건식이 참이면 명령문1이 실행되고 거짓이면 명령문2가 실행된다.

```
if (조건식){
  명령문1;
}
else{
  명령문2;
}
```

조건식이 둘 이상이면 else if를 사용한다.

```
if (조건식1){
  명령문1;
}
else if(조건식2){
  명령문2;
}
else if(조건식3){
  명령문3;
}
else{
  명령문;
}
```

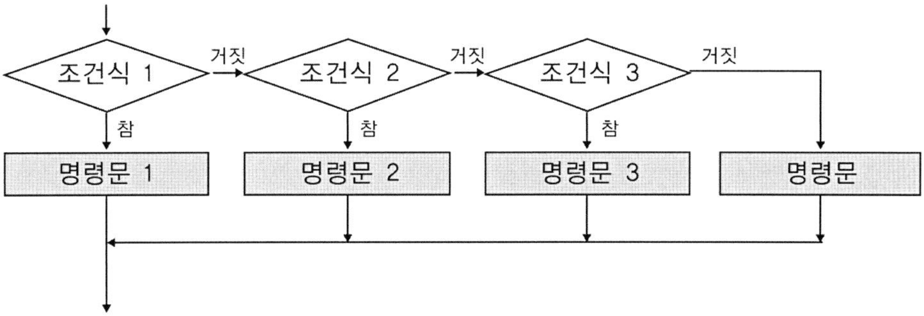

다음 스케치는 마우스가 중앙을 기준으로 오른쪽에 있으면(해당 조건이 참이면) 배경색인 붉은색이 밝아지고(r 값이 1씩 증가) 그렇지 않으면 어두워진다(r 값이 1씩 감소).

```
int r = 150;
int g = 0;
int b = 0;

void setup(){
  size(250,250);
}
```

```
void draw(){
  background(r,g,b);
  stroke(255);
  line(width/2,0,width/2,height);

  if(mouseX > width/2){
    r = r + 1;
  }
  else{
    r = r - 1;
  }

  if(r > 255)
    r =255;
  else if(r < 0)
    r = 0;
}
```

위 스케치의 하단에 보인 것처럼 블록({})에 속한 명령문이 하나이면 블록 표기를 안 해도 된다.

<table>
<tr>
<td>

```
if (조건식)
  명령문;
else
  명령문;
```

</td>
<td>

```
if(r > 255)
  r =255;
else if(r < 0)
  r = 0;
```

</td>
</tr>
</table>

둘 이상의 관계 연산자를 갖는 조건식을 논리 연산자로 결합해 보자. 다음 스케치는 마우스가 창의 오른쪽 하단에 오면 사각형을 그린다. rect() 함수가 실행되려면 조건 mouseX > width/2이 참이고 조건 mouseY > height/2도 참이어야 한다. 두 조건을 동시에 만족해야 하므로 이는 두 조건을 논리곱을 결합할 수 있다.

```
if(mouseX > width/2){
   if(mouseY > height/2){
      fill(255);
      rect(width/2,height/2,width/2,height/2);
   }
}
```

두 조건을 논리곱으로 결합하면 mouseX > width/2 && mouseY > height/2이 된다. 관계 연산산자의 우선순위가 논리 연산자보다 높기 때문에 아래와 같은 순서로 연산이 된다.

mouseX > width/2 && mouseY > height/2
1 2
3

연산자 우선순위가 헷갈리면 괄호를 사용해 ((mouseX>width/2) && (mouseY>height/2))로 표기해도 된다. 결합된 조건식을 사용하면 다음과 같이 코드가 간결해진다.

```
if((mouseX > width/2) && (mouseY > height/2)){
      fill(255);
      rect(width/2,height/2,width/2,height/2);
}
```

마우스를 클릭하면 사각형을, 아니면 타원을 그리는 코드는 다음과 같이 작성할 수 있다. mousePressed는 시스템 변수로 마우스가 눌리면 참, 아니면 거짓인 값을 갖는다.

```
if(!mousePressed){
   ellipse(width/2,height/2,100,100);
}
else{
   rect(width/2,height/2,100,100);
}
```

원이 사각형 좌우를 왕복하는 스케치를 작성한다. 아래 스케치에서 원이 사각형 밖으로 나가지 않도록 코드를 수정해 보자.

```
int x = 0;       // 원의 x 좌표
int speed = 1;  // 원의 속도

void setup(){
  size(250,250);
  smooth();
}

void draw(){
  background(255);

  x = x + speed;

  // 방향 전환
  if((x > width) || (x < 0)){
    speed = -1*speed;
  }

  stroke(0);
  fill(200);
  ellipse(x,125,30,30);
}
```

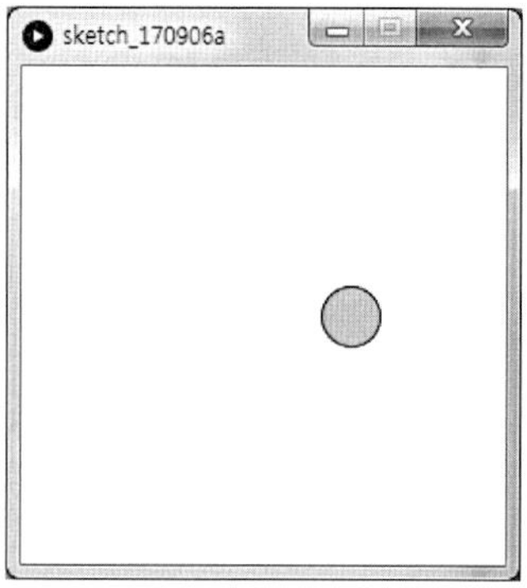

(2) switch 문

스위치 문은 조건식의 값에 따라 하나를 선택하여 실행할 때 유용하며 다음과 같은 형식을 갖는다.

```
switch (조건식){
  case c1:
    명령문1;
    break;
  case c2:
    명령문2;
    break;
     …
  case cn:
    명령문n;
    break;
  default:
    명령문;
    break;
}
```

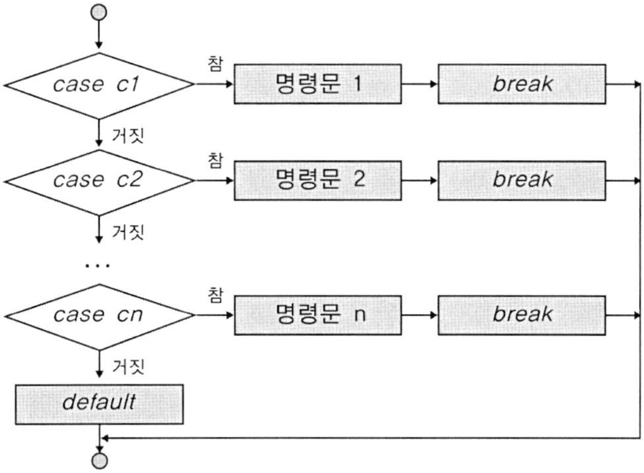

스위치 문은 리모컨 버튼을 누르면 버튼 값에 따라 서로 다른 기능을 수행하도록 할 때와 같은 경우에 편리하다. 아래 스케치에서 변수 letter의 값이 문자 a 또는 문자 b 이면 해당 case가 실행되고 그 외의 다른 값이면 default case가 실행된다. ' ' 는 문자임을 표시한다. a는 변수이고 'a'는 문자이다. println("character a")은 " " 안에 있는 문자열을 그대로 콘솔에 출력하고 줄 바꿈 한다.

```
char letter = 'a';

void draw(){
   switch(letter) {
      case 'a':
         println("character a");
         break;
      case 'b':
         println("character b");
         break;
      default:
         println("None");
         break;
   }
}
```

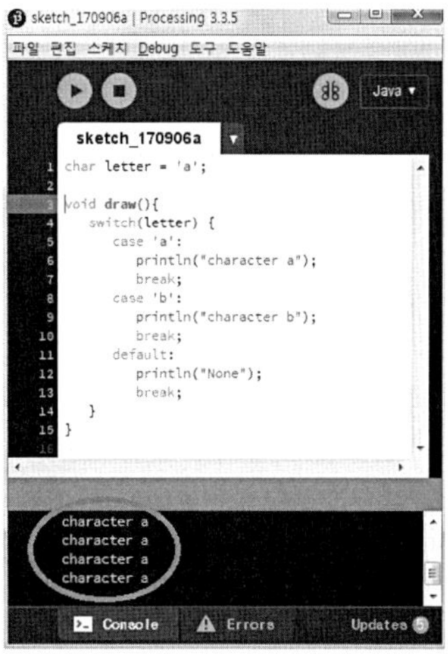

위 스케치를 변수 letter 대신 키보드에서 누른 문자에 따라 동작하게 만들려면 다음과 같이 스케치를 수정한다. 키보드에서 누른 문자를 갖는 시스템 변수 key를 사용한다.

```
void draw(){
  switch(key) {
    case 'a':
      println("character a");
      break;
    case 'b':
      println("character b");
      break;
    default:
      println("None");
      break;
  }
}
```

2) 반복문

코드가 단순 반복되거나 일정한 패턴으로 변하면서 반복되는 경우 반복문을 사용하면 코드를 간략하게 만들 수 있다.

(1) for 문

초기화하고 조건이 만족되면 명령문을 실행하고 증가 또는 감소 연산 후 조건이 만족되면 명령문 실행을 반복한다. 그 형식은 다음과 같다.

```
for (초기화; 조건; 증감) {
  명령문;
}
```

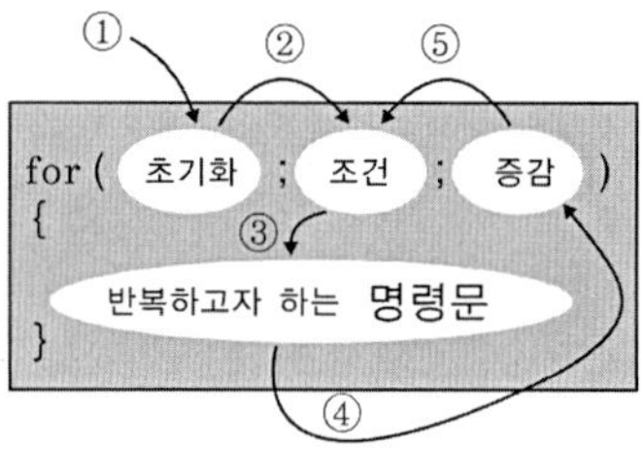

for 반복문을 사용하면 반복되는 명령문을 아래 오른쪽과 같이 간략하게 만들 수 있다.

```
void draw(){
  line(30,0,80,0);
  line(30,5,80,5);
  line(30,10,80,10);
  line(30,15,80,15);
  line(30,20,80,20);
  line(30,25,80,25);
  line(30,30,80,30);
  line(30,35,80,35);
  line(30,40,80,40);
  line(30,45,80,45);
}
```

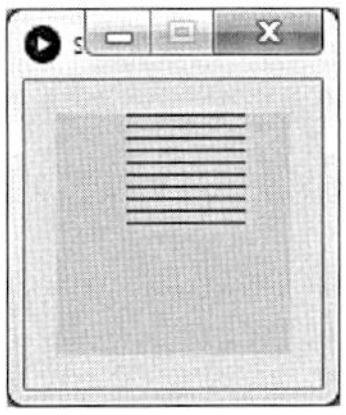

```
void draw(){
  for (int i = 0; i < 50; i = i+5) {
    line(30, i, 80, i);
  }
}
```

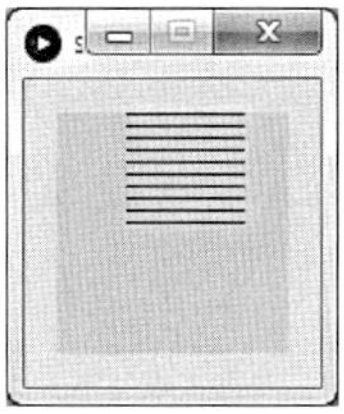

반복문 안에 또 다른 반복문을 포함할 수 있다.

```
void draw(){
  for (int i=1; i<width; i=i+5) {
    for (int j=1; j<height; j=j+5) {
      ellipse(i,j,2,2);
    }
  }
}
```

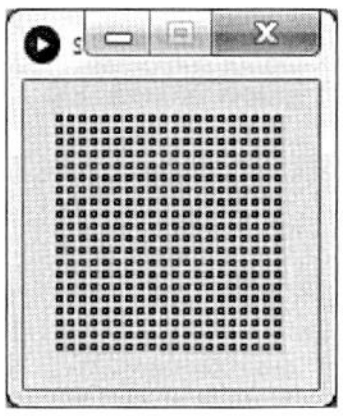

(2) while 및 do ~ while 문

사용 형식은 다음과 같다. while 반복문은 조건을 먼저 검사해서 조건이 참이면 명령문을 실행한다. do ~ while 반복문은 먼저 한 번 실행한 후 조건을 따져 반복 여부를 결정한다.

```
while(조건){
  명령문;
}
```

```
do{
  명령문;
} while(조건);
```

위에서 선 긋기에 사용한 for 문 코드를 while 및 do ~ while 반복문으로 변경해보자.

```
// while 문
void draw(){
  int i = 0;
  while (i < 50) {
    line(30, i, 80, i);
    i = i + 5;
  }
}
```

```
// do ~ while 문
void draw(){
  int i = 0;
  do {
    line(30, i, 80, i);
    i = i + 5;
  }while(i < 50);
}
```

```
// for 문
void draw(){
  for (int i = 0; i < 50; i = i+5)
{
    line(30, i, 80, i);
  }
}
```

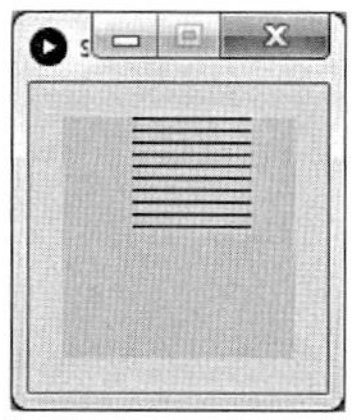

(3) continue, break 문

반복문에서 continue 명령문을 만나면 continue 아래의 명령문을 실행하지 않고 반복문 처음으로 이동한다.

```
for (int i = 0; i < 100; i += 10) {
  if (i == 70) {
    continue;     // i가 70이면 line 명령문을 실행하지 않음
  }
  line(i, 0, i, height);
}
```

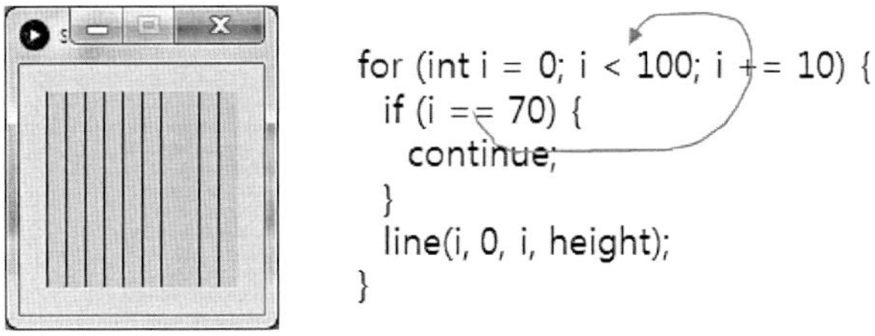

반복문에서 break 문을 만나면 break 문을 포함하는 루프를 벗어난다.

for (초기화; 조건; 증감){
  명령문;
  if (조건식){
    break;
  }
}
	while (조건){
	  명령문;
	  if (조건식){
	    break;
	  }
	}

위에서 조건식이 참이면 break 명령문이 실행되어 for문 및 while문을 벗어난다.

연습

아래 그림과 같이 size(250,250)의 창에 수평선(선 굵기 1)을 10 픽셀 간격으로 그리는데 수평선의 y좌표가 70 이상 140 미만이면 선 굵기를 3으로, y좌표가 140 이상이면 선 굵기를 5로 그리는 스케치를 작성하시오(for 반복문과 if 조건문 사용).

04

상호작용

마우스나 키보드에 반응하는 스케치 작성에 대해 설명한다.

4.1 마우스 사용

마우스와 관련 시스템 변수에는 마우스 커서 위치를 갖는 4가지 변수가 있다.

- mouseX : 스케치 창에서 마우스 커서의 x 좌표를 가짐
- mouseY : 스케치 창에서 마우스 커서의 y 좌표를 가짐
- pmouseX : 스케치 창의 이전 프레임에서 마우스 커서의 x 좌표를 가짐
- pmouseY : 스케치 창의 이전 프레임에서 마우스 커서의 y 좌표를 가짐

마우스를 프로세싱 창에서 움직이면 현재 마우스 위치에서 이전 프레임의 마우스 위치까지 선을 긋는 스케치이다. background(255)가 setup()에만 있을 때는 마우스가 움직인 모든 흔적이 보이지만 background(255)를 draw()에서 실행하면 최근 프레임에서 움직인 흔적만 보인다. println(mouseX + " : " + pmouseX + " : " + mouseY + " : " + pmouseY)를 실행하면 아래 그림과 같이 하단 콘솔에 마우스 위치를 출력한다. " " 안에 문자열은 그대로 출력되고 변수는 그 값이 출력된다. println()는 출력 후 줄이 바뀌며 +는 연산자로 다수의 값을 출력할 때 사용한다. print()의 사용법은 println()과 동일하지만 실행 후 줄이 바뀌지 않는다.

```
void setup(){
  size(250,250);
  background(255);
}

void draw() {
  //background(255);
  line(mouseX, mouseY, pmouseX, pmouseY);
  println(mouseX + " : " + pmouseX + " : " + mouseY + " : " + pmouseY);
}
```

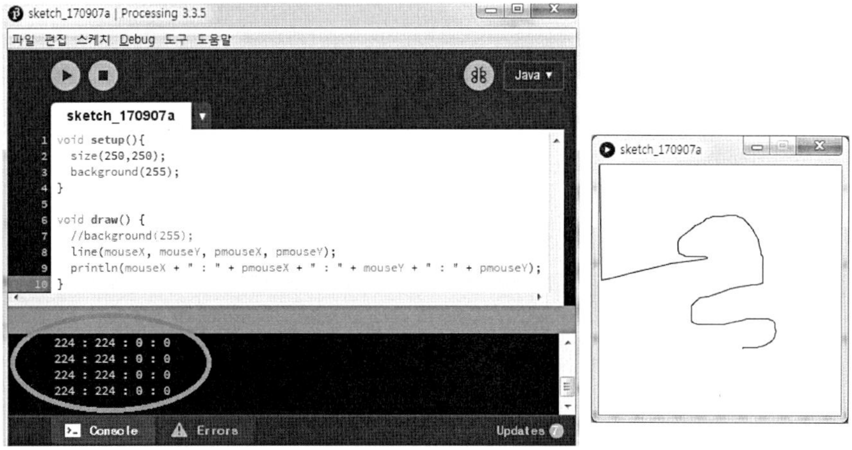

- print() : 프로세싱 개발환경 하단의 검은 부분(콘솔 영역)에 출력한다. 변수 값을 알고 싶을 때 사용한다. () 안에 콤마(,)나 + 연산자를 사용하여 여러 변수를 출력할 수 있고 쌍따옴표("")를 이용해 출력 요소들을 구분할 수 있다. " " 안에 있는 문자열은 그대로 출력된다.
- println() : 사용법은 print()와 동일하지만 실행 후 줄 바꿈이 이루어진다.

다음 스케치에서 print(), println() 사용법을 확인한다.

```
String s = "The size is ";  // 문자열 저장
int w = 250;
int h = 250;

print(s);
println(w,"*",h,".");
println("w is " + w + " and h is " + h +
".");
```

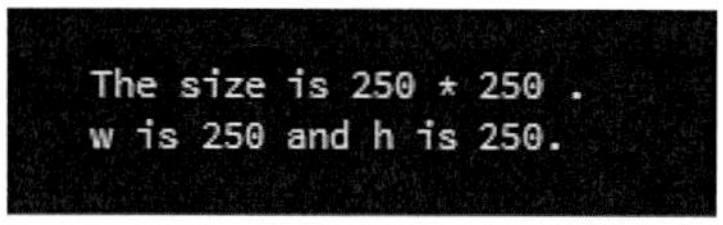

프로세싱은 마우스 시스템 변수 mousePressed, mouseButton을 지원한다.

- mousePressed : 마우스가 현재 눌려져 있는지를 저장하고 있는 변수로 마우스가 눌려 있으면 그 값이 참(true)이고 아니면 거짓(false)이다.
- mouseButton : 이 시스템 변수는 클릭한 마우스 버튼에 따라 LEFT, RIGHT 또는 CENTER를 갖는다.

프로세싱은 마우스 누르기, 놓기, 끌기 등을 위한 이벤트 함수를 지원한다. 즉 마우스 누르기, 놓기, 끌기, 움직이기 등을 하면 해당 이벤트 함수가 자동으로 호출(실행)된다.

- mousePressed() : 마우스 버튼이 눌려지면 실행되는 이벤트 함수이다.
- mouseReleased() : 마우스 버튼이 놓아지면 실행되는 이벤트 함수이다.
- mouseClicked() : 마우스 버튼을 눌렀다 놓을 때 실행되는 이벤트 함수이다.
- mousedMoved() : 마우스 버튼을 누르지 않고 움직이면 실행되는 마우스 이벤트 함수
- mouseDraged() : 마우스 버튼을 누르고 움직이면 실행되는 마우스 이벤트 함수

다음 스케치는 마우스를 누르면 검정으로, 누르지 않으면 흰색으로 사각형 내부를 칠한다.

```
void draw() {
  if (mousePressed == true) {
    fill(0);
  } else {
    fill(255);
  }
  rect(25, 25, 50, 50);
}
```

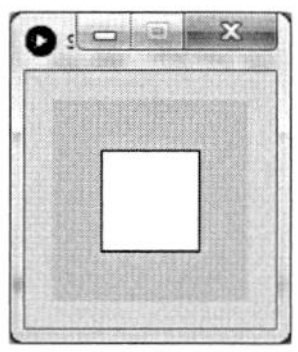

다음 스케치는 마우스 버튼을 누를 때마다 mousePressed() 이벤트 함수가 실행되어 사각형이 검정에서 흰색 또는 흰색에서 검정색으로 칠해진다.

```
int value = 0;

void draw() {
  fill(value);
  rect(25, 25, 50, 50);
}

void mousePressed() {
  if (value == 0) {
    value = 255;
  } else {
    value = 0;
  }
}
```

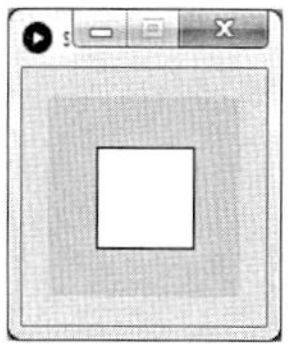

다음 스케치는 마우스 버튼을 누르고 끌면 mouseDragged() 이벤트 함수가 실행되어 사각형의 색이 검정에서 밝아져 흰색 바뀐다(색 값이 5씩 증가). 흰색에서 검정으로(value > 255 이면 → value = 0) 바뀐 후 다시 흰색으로 밝아짐을 반복한다.

```
int value = 0;

void draw() {
  fill(value);
  rect(25, 25, 50, 50);
}

void mouseDragged(){
  value = value + 5;
  if (value > 255) {
    value = 0;
  }
}
```

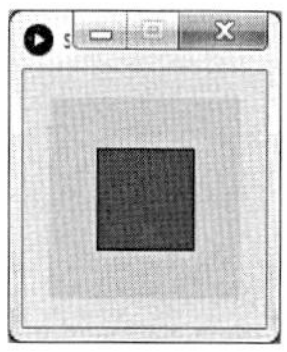

다음 스케치는 클릭한 마우스 버튼에 따라 mousePressed() 이벤트 함수가 실행되어 사각형의 색을 검정, 흰색 또는 회색으로 칠한다.

```
void draw() {
  rect(25, 25, 50, 50);
}

void mousePressed() {
  if (mouseButton == LEFT) {
    fill(0);
  } else if (mouseButton == RIGHT) {
    fill(255);
  } else {
    fill(126);
  }
}
```

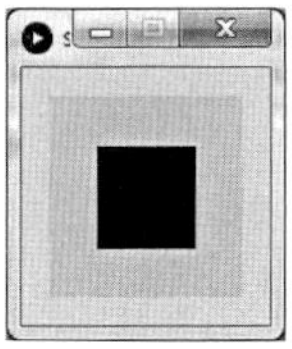

4.2 키(Key) 사용

시스템 변수 key와 keyPressed에 대해 알아본다.

- key : 이 시스템 변수는 키보드에서 사용한(키를 누르거나 놓음) 가장 최근의 키(아스키 코드) 값을 갖는다.
- keyPressed : 이 시스템 변수는 키를 누르면 참(true), 놓으면 거짓(false)인 값을 갖는다.
- keyCode : 이 시스템 변수는 화살표(UP, DOWN, LEFT, RIGHT)와 ALT, CONTROL, SHIFT와 같은 특수 키 값을 갖는다. 이들 키를 확인할 때 키가 코드화 되어있는지 확인한다. if(key == CODED) 이 조건문을 사용하고 조건이 참이면 key는 특수 키 값을 갖는다.

키 이벤트 함수로 keyPressed()와 keyReleased()가 있다.

- keyPressed() : 키가 눌려지면 실행되는 이벤트 함수이다.
- keyReleased() : 키를 눌렀다 놓으면 실행되는 이벤트 함수이다.

다음 스케치는 소문자 b나 대문자 B를 누르고 있으면 사각형을 검은색으로 칠하고 키를 놓으면 흰색으로 칠한다.

```
void draw() {
  if (keyPressed) {
    if (key == 'b' || key == 'B') {
      fill(0);
    }
  } else {
    fill(255);
  }
  rect(25, 25, 50, 50);
}
```

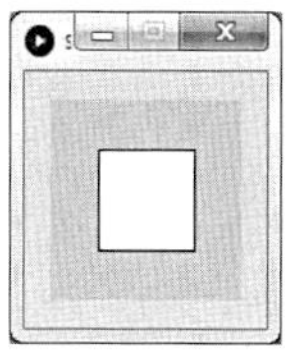

다음 스케치는 아스키 코드 키(알파벳, 숫자 등 특수 키 제외)를 누르면 사각형 색이 핑크(r=255, g=0, b=255)가 된다. 화살표(→, ←, ↑, ↓)를 누르면 keyPressed() 이벤트 함수가 실행되어 r 값과 g 값이 10씩 증감해서 사각형이 칠해진다. Shift를 누르면 r=0, g=255, b=0으로, Ctrl 키를 누르면 r=0, g=0, b =255로, Alt 키를 누르면 r=255, g=255, b= 0인 색으로 사각형이 칠해진다.

```
int r = 100, g = 100, b = 100;

void draw() {
  fill(r,g,b);
  rect(25, 25, 50, 50);
}

void keyPressed() {
  if (key == CODED) {
     if (keyCode == UP) {
        r += 10;
        if(r > 255) r = 255;
     } else if (keyCode == DOWN) {
        r -= 10;
        if(r < 0) r = 0;
     }
     else if (keyCode == LEFT) {
        g += 10;
        if(g > 255) g = 255;
     }
     else if (keyCode == RIGHT) {
        g -= 10;
        if(g < 0) g = 0;
     }
     else if (keyCode == SHIFT) {
        r = 0;
        g = 255;
        b = 0;
```

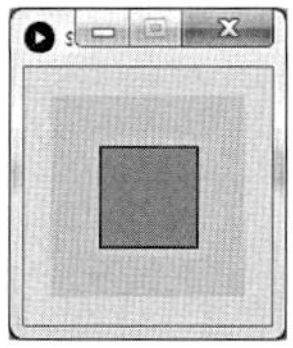

```
    }
    else if (keyCode == CONTROL) {
      r = 0;
      g = 0;
      b = 255;
    }
    else if (keyCode == ALT) {
      r = 255;
      g = 255;
      b = 0;
    }
  }
  else {
    r = 255;
    g = 0;
    b = 255;
  }
}
```

연습

01 사각형을 하나 그리고 마우스가 사각형 내부를 클릭하면 사각형의 색을 바꾸는 아래 스케치의 draw() 함수를 완성하시오.

```
// 사각형 시작점 (50,50), 폭 100, 높이 75
int x = 50, y = 50, w = 100, h = 75;

void setup() {
  size(250,250);
}

void draw() {

}
```

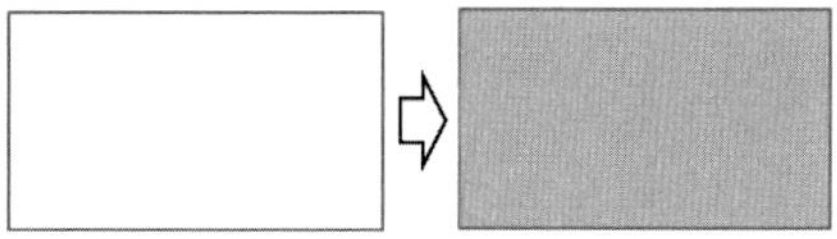

(마우스 클릭 전) (사각형 내부 클릭 후)

02 원을 하나 그리고 원의 내부를 마우스로 클릭하면 원 내부 색을 변경하는 스케치를 작성하시오.

03 다음 스케치는 키보드에서 특정한 키를 누를 때 해당 장면으로 가기 위한 스케치의 기본 틀을 보인 것이다. 장면이 3개 있다고 하자. 's' 키를 누르면 장면1로, 'e' 키를 누르면 마지막 장면(장면 3)으로, → 키를 누르면 다음 장면으로, ← 키를 누르면 이전 장면으로 이동하도록 keyPressed() 함수를 완성하시오.

```
int sceneNumber = 0;  // 장면 번호 저장

void setup() {
  size(250,250);
}

void draw() {
  background(255);

  switch(sceneNumber){
    case 1:
      println("Scene one");
      break;
    case 2:
      println("Scene two");
      break;
    case 3:
      println("Scene three");
      break;
    default:
      println("Default Scene");
      break;
  }
}
```

```
void keyPressed(){








}
```

05

이미지

이미지를 불러와서 다양한 시각적 표현을 구현해보자.

5.1 래스터 그래픽 이미지

래스터 그래픽스(Raster graphics) 이미지는 정사각형 모양의 화소(픽셀)를 사용하여 이미지를 구성하는 방식으로, 비트의 지도(Map of bits)라는 뜻의 '비트맵(Bitmap)'이라고 불린다. 화소별로 색상 정보를 저장하며 하나의 이미지에 얼마나 많은 화소를 사용하느냐에 따라 이미지의 품질이 결정된다. 사진 이미지가 래스터 방식의 대표적인 예다. 고해상도 이미지의 경우 모든 픽셀 정보를 저장해야 하므로 용량이 커지며 이미지를 크게 확대하면 계단식으로 깨져 보이는 단점이 있다. '포토샵(Photoshop)'과 '포토스케이프(Photo Scape)'가 대표적인 래스터 이미지 저작 도구이다.

화면에 래스터 이미지를 표시하려면 4 단계를 거친다.

① 스케치가 저장된 폴더 안에 data 폴더가 있고 그 안에 불러올 이미지가 있어야 한다.

② 이미지를 저장할 PImage 유형(실제는 클래스)의 변수(실제는 객체)를 만든다. 클래스와 객체에 대한 설명은 10장에서 한다. 여기서는 데이터 유형과 변수로 이해한다.

```
PImage img;
```

③ loadImage() 함수를 사용해 이미지를 불러 변수에 저장한다.

```
img = loadImage("processing3-logo.png");
```

④ image() 함수를 사용해 위치와 크기를 지정, 화면에 이미지를 표시한다.

```
image(img, 0, 0);
```

image() 함수는 다음과 같은 형식으로 사용된다.

- image(img, x, y) : img는 PImage 유형의 변수로 불러온 이미지를 가지며 x, y 좌표에 이미지를 표시한다.
- image(img, x, y, w, h) : w, h는 표시할 이미지의 가로 및 세로 픽셀 크기이다. 이 값을 주지 않으면 이미지 본래의 크기로 표시된다.
- imageMode(CORNERS) : 기본 설정으로 image() 함수에서 x, y가 이미지의 좌측 상단 모서리 좌표이다.
- imageMode(CENTER) : image() 함수에서 x, y가 이미지의 중앙 좌표이다.

다음 스케치에서 불러올 이미지 파일 processing3-logo.png은 스케치 저장 폴더 밑의 data 폴더에 있어야 된다. 현재 프로세싱은 확장자가 GIF, JPEG, PNG인 이미지를 불러올 수 있다. imageMode() 함수를 사용하지 않았기 때문에 기본 설정이 적용되어 image() 함수의 (0,0)은 이미지의 좌측 상단 모서리 좌표가 된다.

```
PImage img;

void setup() {
  size(250,250);
  background(255);
  img = loadImage("processing3-logo.png");
}

void draw() {
  image(img, 0, 0);
  image(img, 0, 0, 50, 50);
}
```

위 이미지를 마우스에 따라 움직이도록 하려면 이미지의 표시 좌표에 mouseX, mouseY를, 마우스 움직임에 따라 이미지의 크기가 변하도록 하려면 크기에 mouseX, mouseY를 입력한다.

```
PImage img;

void setup() {
  size(250,250);
  background(255);
  img = loadImage("processing3-logo.png");
}

void draw() {
  image(img, mouseX, mouseY, 50, 50);
  image(img, 0, 0, mouseX, mouseY);
}
```

여러 개의 이미지를 표시하려면 이미지를 저장할 변수를 이미지 개수만큼 만든다. 윈도우 '문서>사진' 폴더에서 이미지 Chrysanthemum.jpg, Desert.jpg 및 Hydrangeas.jpg를 스케치 data 폴더에 복사한 후 다음 스케치를 실행한다. 첫 번째 이미지 위에 둘째와 셋째 이미지가 표시된 것을 볼 수 있다.

```
PImage img1, img2, img3;

void setup() {
  size(250,250);
  background(255);
  img1 = loadImage("Chrysanthemum.jpg");
  img2 = loadImage("Desert.jpg");
  img3 = loadImage("Hydrangeas.jpg");
}

void draw() {
  image(img1, 0, 0);
  image(img2, 0, 0, 100, 100);
  image(img3, 100, 100, 100, 100);
}
```

이미지를 겹쳐 보이게 할 때는 투명도를 사용한다. GIF 방식은 투명도로 1비트를 사용하므로 투명 또는 불투명만을 지정해 이미지를 만들 수 있지만 PNG 방식은 알파 값 8비트를 사용하므로 투명 정도를 다양하게 지정할 수 있다(255: 불투명, 0: 투명, 1~254: 반투명).

5.2 벡터 도형 이미지

벡터 이미지는 이미지의 형태를 구성하는 다양한 선들의 좌표와 수치 정보를 토대로 이미지를 화면에 표시한다. 모든 화소 정보를 저장하는 대신 점의 좌표 정보를 저장하기 때문에 이미지의 크기가 작아지고 이미지를 축소, 확대해도 이미지 품질이 손상되지 않는다. 반면에 벡터 이미지는 색의 자연스러운 변화나 세밀한 표현이 어렵다. 벡터 그래픽 저작 도구로는 일러스트레이터(Illustrator)와 잉크스케이프(Inkscape)가 있다. 이들 도구로 만든 벡터 이미지를 프로세싱에서 불러올 수 있다.

SVG(Scalable Vector Graphics) 벡터 이미지 파일을 표시하려면 다음 4단계를 거친다.

① 스케치가 저장된 폴더 안에 data 폴더가 있고 그 안에 불러올 이미지가 있어야 한다.

② 이미지를 저장할 PShape 유형(실제는 클래스)의 변수(실제는 객체)를 만든다.

```
PShape s;
```

③ loadShape() 함수를 사용해 이미지를 불러 변수에 저장한다.

```
s = loadShape("GJstamp_empty.svg");
```

④ shape() 함수를 사용해 위치와 크기를 지정, 화면에 이미지를 표시한다.

```
shape(s, 0, 0);
```

다음 스케치에서 불러올 벡터 이미지 파일 GJstamp_empty.svg은 스케치 저장 폴더 밑의 data 폴더에 있어야 된다. 벡터 이미지를 표시할 shape() 함수는 다음과 같은 형식으로 사용된다.

- shape(s, x, y) : s는 PShape 유형의 변수로 불러온 벡터 이미지를 가지며 x, y 좌표에 이미지를 표시한다.
- shape(s, x, y, w, h) : w, h는 표시할 이미지의 가로 및 세로 픽셀 크기이다. 이 값을 주지 않으면 이미지 본래의 크기로 표시된다.
- shapeMode(CORNERS) : 기본 설정으로 shape() 함수에서 x, y가 이미지의 좌측 상단 모서리 좌표이다.
- shapeMode(CENTER) : shape() 함수에서 x, y가 이미지의 중앙 좌표이다.

다음 스케치에서 shapeMode() 함수를 사용하지 않았기 때문에 기본 설정이 적용되어 shape() 함수의 (0,0)과 (150,150)은 이미지의 좌측 상단 모서리 좌표가 된다. 벡터 이미지 파일 GJstamp_empty.svg이 스케치 data 폴더에 있어야 된다(이 파일은 인터넷에서 검색해서 다운 받는다).

```
PShape s;

void setup() {
  size(500,500);
  background(255);
  s = loadShape("GJstamp_empty.svg");
}

void draw() {
  shape(s, 0, 0);
  shape(s, 150, 150, width, height);
}
```

다음 스케치는 마우스의 현재 위치를 벡터 이미지의 중심 좌표로 사용하고 이미지의 가로 폭이 마우스 x 값에 비례하여 변하도록 map() 함수를 사용한다. map(mouseX,0,width,100, 1000)는 mouseX의 값이 [0,width] 범위를 갖는데 이를 [100,1000] 범위로 변경한다.

- map(x, a, b, c, d) : 변수 x가 아래 그림처럼 [a,b] 범위일 때 이를 [c,d] 범위 값으로 내보낸다. 즉 x가 a이면 c를, x가 b이면 d를, x가 a와 b 사이이면 c와 d 사이의 값을 반환한다. [c,d] 범위를 [a,b] 범위 보다 크게 또는 작게 할 수 있다.

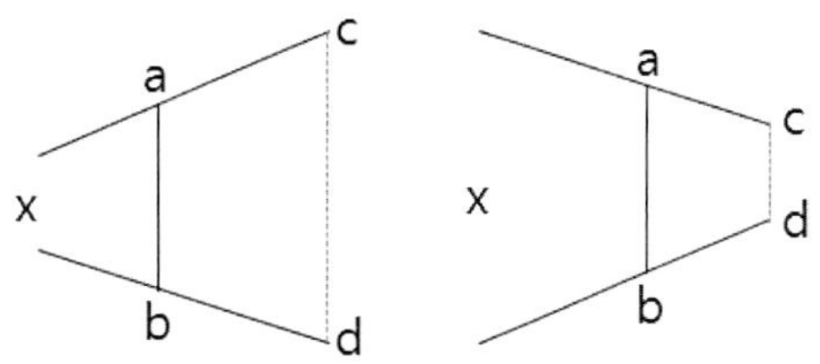


```
PShape s;

void setup() {
  size(500,500);
  background(255);
  s = loadShape("GJstamp_empty.svg");
  shapeMode(CENTER);
}

void draw() {
  background(255);
  shape(s, mouseX, mouseY, map(mouseX,0,width,
100,1000), 250);
}
```

연습

다음은 4장 연습 문제의 스케치이다. 's' 키를 누르면 장면1로, 'e' 키를 누르면 마지막 장면(장면 3)으로, → 키를 누르면 다음 장면으로, ← 키를 누르면 이전 장면으로 이동하도록 keyPressed() 함수를 완성했을 것이다. switch() 문의 case에 있는 println() 명령문 다음에 장면별로 창에 이미지를 표시하는 코드를 추가한다. 이를 위해 4개의 장면 이미지를 준비하고 PImage 변수도 4개 만들어 setup()에서 해당 이미지를 변수에 로드한다.

```
int sceneNumber = 0;  // 장면 번호 저장

void setup() {
  size(250,250);
}

void draw() {
  background(255);

  switch(sceneNumber){
    case 1:
      println("Scene one");
      break;
    case 2:
      println("Scene two");
      break;
    case 3:
      println("Scene three");
      break;
    default:
      println("Default Scene");
      break;
  }
}
```

```
void keyPressed(){








}
```

06

텍스트

텍스트를 표시하기 전에 텍스트에 적용할 서체(폰트)에 대해 먼저 알아보자. 프로세싱은 기본 서체 이외에 VLW 형식의 다양한 서체를 지원한다. 서체를 사용하는 방법은 다음과 같이 5 단계를 거친다.

① PFont 유형(실제는 클래스)에서 변수(실제는 객체)를 만든다.

```
PFont font;
```

② a. createFont() 함수를 이용해 만든 서체를 변수에 대입하거나

```
font = createFont("Georgia", 32); // 크기 32인 Georgia 서체를 만듦
```

b. loadFont() 함수를 이용해 data 폴더에 있는 서체를 변수에 대입한다.

```
font = loadFont("Georgia-32.vlw"); // data 폴더의 Georgia-32.vlw
을 읽음
```

data 폴더에 해당 서체 파일이 없으면 메뉴 '도구>글꼴 생성'을 실행하면 [그림 6.1]의 창이 열리고 여기에서 글꼴과 크기를 지정한 후 'OK' 버튼을 클릭하면 해당 서체 파일이 data 폴더에 만들어진다.

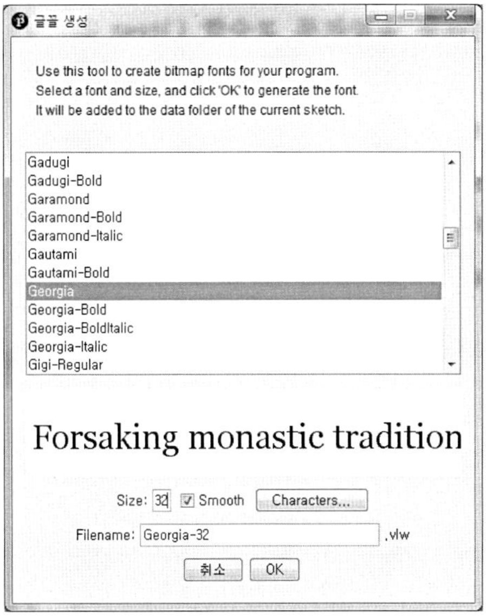

[그림 6.1] 글꼴 생성 창

③ textFont() 함수로 사용할 서체를 지정한다.

```
textFont(font, 32); // 변수 font의 글꼴을 크기 32로 사용
```

④ textAlign() 함수로 텍스트 정렬 방식을 지정한다.

textAlign(alignX, alignY) : 문자열의 수평 및 수직 정렬 위치를 지정한다. alignX는 LEFT, CENTER, RIGHT 중 하나를, alignY는 TOP, CENTER, BOTTOM 중 하나를 갖는다.

```
textAlign(CENTER, BOTTOM); // 수평 및 수직 정렬
```

```
textAlign(LEFT); // 수평 정렬
```

⑤ text() 함수로 문자열을 원하는 위치에 표시한다.

text(str, x, y) : x, y 좌표 위치에 “”안의 문자열이나 문자열 변수(str) 값을 표시한다.

```
text("Hello", 10, 50);
```

```
String str = “Hello”;
text(str, 10, 50);
```

text(str, x, y, z) : 3차원에서 문자 표시할 때 사용한다. 이 때 size(250,250,P3D)와 같이 세 번째 매개변수 P3D를 주어야 한다.

- textSize(size) : 사용 중인 글꼴의 크기만 변경할 때는 이 함수를 사용한다.

```
textSize(16);
```

다음 스케치에서 createFont() 함수를 실행하면 data 폴더에 Georgia-32.vlw이 만들어진다. 이 번에는 createFont()를 주석 처리하고 loadFont()의 주석 처리를 지운 후 실행하여 Georgia-32.vlw 불러온다.

```
PFont font;

void setup() {
  size(250, 250);

  font = createFont("Georgia", 32);
  //font = loadFont("Georgia-32.vlw");
  textFont(font);
  textAlign(CENTER, CENTER);
  text("Hello!", width/2, height/2);
}
```

다음 스케치에 보인 것처럼 텍스트의 색 지정은 도형 내부 색칠과 동일하게 fill() 함수를 사용한다. text() 함수에서 z축을 사용할 때 - 값은 화면에서 나오는 방향을, + 값은 화면에서 들어가는 방향을 나타낸다.

```
void setup() {
  background(255);
  size(250, 250, P3D); // P3D: z축 사용

  textSize(48);
  fill(0, 100, 150, 200);
  text("Hello", 50, 50, -30); // z축 -30
  fill(150, 100, 0, 200);
  text("Hello", 50, 110);
  fill(100, 0, 150, 200);
  text("Hello", 50, 170, 30);

  textSize(16);
  fill(0);
  text("z axis : front and back", 50, 230);
}
```

연습

5장 연습 문제에서 장면별로 이미지 불러와 표시했다. 여기에 장면별 제목이나 설명 등을 위한 텍스트를 추가한다.

07

사운드 및 비디오

7.1 오디오 파일 재생

Processing 3+는 사운드 재생, 분석 및 합성을 쉽게 처리할 수 있도록 sound 라이브러리를 제공한다. 잡음 제거를 위한 필터, 잡음 발생기, 진폭 및 FFT 분석 등의 기능을 제공한다. 여기서는 오디오 파일의 재생만을 다루기로 한다. 오디오 파일 재생은 4 단계를 거친다.

① 스케치에 sound 라이브러리를 불러오는 문장을 넣는다.

```
import processing.sound.*;
```

② SoundFile 유형의 변수(실제는 객체)를 만든다.

```
SoundFile file;
```

③ 사운드 파일을 불러와 변수에 저장한다. 지원되는 파일 형식은 WAV, AIF/AIFF, MP3이다.

```
file = new SoundFile(this, "sample.mp3");
```

④ 불러온 파일을 재생한다.

```
file.play();
```

불러온 파일 처리에 다음과 같은 함수를 사용할 수 있다.

- sampleRate() : 사운드 파일의 샘플링 비율을 반환한다.
- channels() : 사운드 파일의 채널 수를 반환한다.
- duration() : 사운드 파일의 재생 길이(시간)을 반환한다.
- play() : 사운드 파일을 한 번 재생한다.

- loop() : 사운드 파일을 무한 반복 재생한다.
- jump() : 사운드 파일 재생 동안 특정 위치로 건너뛴다.
- rate() : 사운드 파일의 재생률을 변경한다.
- amp() : 재생 볼륨(진폭)을 변경한다.
- stop() : 재생을 정지한다.

다음 스케치 실행을 위해 컴퓨터 '라이브러리>음악>음악샘플' 폴더에서 Sleep Away.mp3 파일을 스케치 data 폴더에 복사한 후 실행한다. draw() 함수 안에 실행할 명령문은 없지만 이 함수가 없으면 setup()이 한 번만 실행되기 때문에 오디오 재생이 중간에 멈춘다.

```
import processing.sound.*;
SoundFile file;

void setup() {
  size(250,250);
  background(255);
  file = new SoundFile(this, "Sleep Away.mp3");
  file.play();
  fill(0);
  text("Audio is playing!",75,125);
}

void draw() {
}
```

위 스케치는 오디오 파일이 한 번 재생된다. 마우스를 클릭할 때마다 재생과 정지를 반복하도록 스케치를 다음과 같이 변경한다. 재생 및 정지 상태를 저장할 변수 audioIsPlaying을 만들고 초기 값으로 false(정지)을 대입한다. 마우스를 클릭하면 audioIsPlaying가 참인지(재생 중) 거짓인지에(정지 중) 따라 play()와 stop()을 실행한다.

```
import processing.sound.*;
SoundFile file;
boolean audioIsPalying = false;

void setup() {
  size(250,250);
  file = new SoundFile(this, "Sleep Away.mp3");
  textSize(14);
  fill(0,0,255);
  textAlign(CENTER,CENTER);
}

void draw() {
  background(255);
  if(audioIsPalying){ // audioIsPalying==true와 동일
    text("Audio is playing!",width/2,height/2);
  }
  else{
    text("Audio is stopped!",width/2,height/2);
  }
}

void mousePressed(){
  if(!audioIsPalying){ // audioIsPalying==false와 동일
    file.play();
    audioIsPalying = true;
  }
  else{
    file.stop();
    audioIsPalying = false;
  }
}
```

7.2 비디오 캡처 및 재생

1) 비디오 캡처

비디오 파일의 재생은 6 단계로 이루어진다.

① 스케치에 video 라이브러리를 불러오는 문장을 넣는다.

```
import processing.video.*;
```

② Capture 유형(실제는 클래스)의 변수(실제는 객체)를 만든다.

```
Capture video;
```

③ new Capture(this, w, h)로 변수를 초기화한다. w와 h는 카메라로 캡처된 비디오의 가로 및 세로 크기이다.

```
video = new Capture(this, 320, 240);
```

④ 캡처 과정을 시작한다.

```
video.start();
```

⑤ 캡처한 이미지를 읽기 위해 다음 두 방법 가운데 하나를 사용한다.

a. 캡처한 이미지가 있으면 실행될 이벤트 함수를 사용하여 이미지를 읽어 들인다.

```
void captureEvent(Capture video){
   video.read();
}
```

b. captureEvent() 함수를 사용하지 않으려면 draw() 함수 안에 다음 코드를 삽입한다.

```
void draw(){
  if(video.available()){
    video.read();
  }
}
```

⑥ image(video,x,y)로 읽은 이미지를 x, y 좌표에 표시한다.

```
image(video,0,0);
```

다음 스케치는 컴퓨터에 내장되거나 USB 포트에 연결된 카메라의 영상을 불러와서 창에 표시한 것이다.

```
import processing.video.*;
Capture video;

void setup() {
  size(320, 240);
  video = new Capture(this,320,240);
  video.start();
}

void draw() {
  /* captureEvent() 사용 안 할 때
  if(video.available()){
    video.read();
  }
 */
  image(video, 0, 0);
}
```

```
void captureEvent(Capture video) {
  video.read();
}
```

2) 비디오 재생

녹화된 비디오의 재생은 비디오 캡처의 Capture 대신 Movie 유형(실제는 클래스)을 사용하는 점 외에는 동일하다. avi(비디오 코덱 H.264 권장) 및 mov 형식을 지원한다.

① 스케치에 video 라이브러리를 불러오는 문장을 넣는다.

```
import processing.video.*;
```

② Movie 유형의 변수(실제는 객체)를 만든다.

```
Movie movie;
```

③ new Movie(this, filename)로 변수를 초기화한다.

예 movie = new Movie(this, "RP201403_320240.avi");

④ 비디오 재생을 시작한다.

```
movie.play(); // 한 번 재생
movie.loop(); // 반복 재생
```

⑤ 새로운 이미지 프레임을 읽기 위해 다음 두 방법 가운데 하나를 사용한다.

a. 새로운 이미지 프레임이 있으면 실행될 이벤트 함수를 사용하여 이미지를 읽는다.

```
void movieEvent(Movie movie) {
  movie.read();
}
```

b. movieEvent() 함수를 사용하지 않으려면 다음 코드를 draw()에 삽입한다.

```
void draw(){
  if(movie.available()){
    movie.read();
  }
}
```

⑥ image(movie,x,y)로 읽은 이미지를 x, y 좌표에 표시한다.

```
image(movie,0,0);
```

다음은 스케치의 하위 data 폴더에 있는 비디오 파일을 읽어 재생하는 스케치이다.

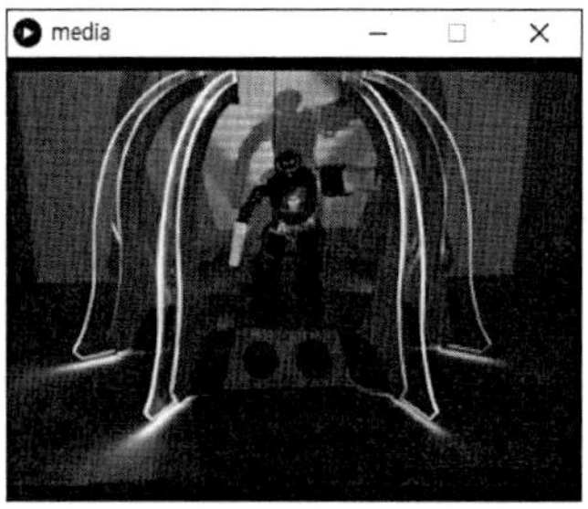


```
import processing.video.*;

Movie movie;
void setup() {
  size(320,240);
  background(255);
  movie = new Movie(this,"RP201403_320240.
avi");
  movie.play();
}

void draw() {
  /* movieEvent() 사용 안 할 때
```

```
  if(movie.available()){
    movie.read();
  }
  */
  image(movie, 0, 0);
}

void movieEvent(Movie movie) {
  movie.read();
}
```

연습

6장 연습 문제에서 장면별로 제목이나 설명 등을 위한 텍스트를 추가했다. 이번에는 장면별 배경음악이나 동영상을 추가해서 표시한다. 오디오나 비디오를 저장할 변수(객체)를 전역변수로 만들고 setup()에서 해당 오디오와 비디오를 불러온다. draw() 함수의 case에 음악 또는 동영상 재생을 위한 코드를 추가한다. 여기까지 완성했으면 오디오 및 비디오가 재생 중일 때 장면 전환 키를 누르면 재생 중인 오디오 및 비디오를 정지시키고 장면 전환이 이루어지도록 코드를 수정, 보완한다.

08

움직임

애니메이션은 화면에 물체를 그리고 화면 프레임이 바뀔 때마다 물체를 조금 이동시키거나 그 모양을 약간 변화시키면 인간 눈의 잔상효과로 인해 마치 물체가 움직이는 것처럼 보이게 한 것이다. 프로세싱은 움직임을 부드럽게 할 수 있도록 프레임 속도를 변경할 수 있다. draw() 함수가 한 번 실행되는 것을 한 프레임으로 본다. 시스템 변수인 frameRate는 대략적인 초당 프레임 처리 속도 값(fps: frame per second)을 가지며 기본 설정은 10이다. 이 값은 대략적인 값으로 5~10 프레임 실행 후 정확해진다.

- frameRate : 초당 프레임 실행(draw() 함수 실행) 속도 값을 갖는 시스템 변수이다.
- frameRate(fps) : 초당 프레임 실행 속도를 fps 값으로 지정한다. 설정을 변경하려면 setup()에서 처리하는 것이 좋다.

  예 frameRate(30);
- frameCount : 프로그램 시작 후 처리된 프레임 수(draw() 함수의 실행 횟수)를 갖는 시스템 변수이다.

다음 스케치는 setup()에서 프레임 처리 속도를 30으로 설정한 후 프레임 처리 속도와 프레임 수를 콘솔에 출력한다. 처리 속도는 대략 30인 값을 갖고 프레임 수는 1씩 증가한다.

```
void setup() {
  frameRate(30);
}

void draw() {
  print(frameRate + " : ");
  println(frameCount);
}
```

```
29.738634 : 82
29.706778 : 83
29.767113 : 84
29.82109 : 85
```

8.1 움직임 만들기

draw() 함수 내에 있는 반복문은 draw() 함수 내에서 모두 실행되므로 움직임(애니메이션) 효과를 낼 수 없다. 움직임 효과를 내려면 draw() 함수가 실행될 때마다 변화를 주어야 하고 변화하는 데이터를 갖는 변수는 전역변수로 만들어야 한다.

다음에 보인 왼쪽 스케치에서는 모든 선이 draw() 함수가 한 번 실행에 다그려지지만 오른쪽 스케치에서는 선이 하나만 그려진다. 프레임마다 선의 y 좌표를 변경해 다음 프레임에서 다른 위치에 선이 그려지도록 한다. 이 때 y는 전역변수임을 잊지 말자.

```
void setup(){
   size(250,250);
   stroke(0);
}

void draw(){
  background(255);

  for(int y=0; y<height; y+=10){
    line(0,y,width,y);
  }
}
```

```
int y = 0;

void setup(){
   size(250,250);
   background(0);
   stroke(255);
   // draw() 함수가 5회/초 실행되도록 설정
   frameRate(5);
}

void draw(){
   line(0,y,width,y);
   y += 10;  // y = y + 10 줄임
}
```

다음 스케치는 타원이 왼쪽 창 밖에서 접해서 시작하여 우측 창 밖에 접할 때까지 움직인 후 다시 원래 위치로 돌아오는 스케치이다. 타원 모드를 RADIUS로 변경하여 타원의 중심 좌표와 x축, y축 반지름을 사용한다. 변수 speed는 프레임 당 타원의 이동 속도를 지정한다.

```
int radius = 20;
int x = -radius;
int speed = 1;

void setup(){
   size(250,250);
   stroke(50,50,255);
   ellipseMode(RADIUS);
}

void draw(){
   background(255);
   ellipse(x,height/2,radius,radius);
   x += speed;
   if(x>width+radius){
     x = -radius;
   }
}
```

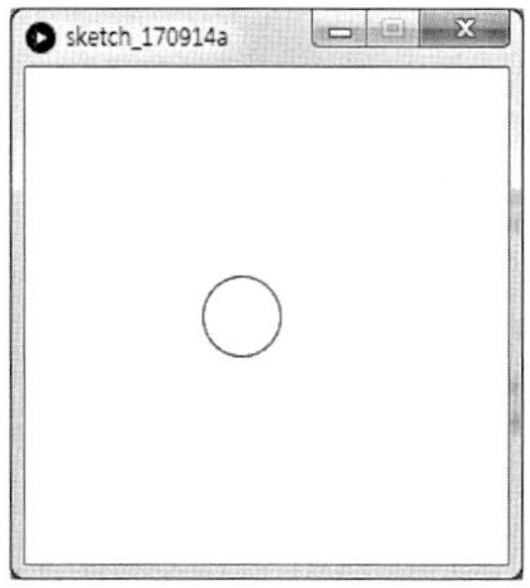

위의 스케치에서 타원이 마치 공처럼 창의 좌우 측면에 닿으면 방향을 바꿔 왕복 운동하도록 변경해보자. 타원이 왼쪽 창 경계에 닿거나 오른쪽 창 경계에 닿으면(if 조건문에서 두 조건의 논리합) 타원의 이동 방향을 바꿔야한다. 즉 증가는 감소로, 감소는 증가로 바꾸기 위해 speed 변수 자신에 -1을 곱해서 +는 -로, -는 +로 바뀌도록 한다.

```
int radius = 20;
int x = radius;
int speed = 1;

void setup(){
  size(250,250);
  stroke(50,50,255);
  ellipseMode(RADIUS);
}

void draw(){
  background(255);
  ellipse(x,height/2,radius,radius);
  x += speed;
  if((x>width-radius) || (x < radius)){
    speed *= -1;
  }
}
```

8.2 타이머 이용

프로세싱은 millis() 함수를 지원하는데 이 함수는 스케치가 실행된 이후 경과시간을 ms 단위로 계산하여 반환한다. millis()를 이용하면 시간 경과에 따라 다른 애니메이션이나 이벤트를 처리할 수 있다. 다음 스케치는 정해진 시간(T1, T2)를 지남에 따라 다른 동작이 실행되도록 하는 스케치이다.

```
int T1 = 1000; // 1초
int T2 = 4000; // 4초

void setup(){
  size(250,250);
  textAlign(CENTER);
}

void draw(){
  int currentTime = millis();
  background(255);

  if(currentTime < T1) {
     fill(0);
     textSize(24);
     text("Count Down", width/2,height/2);
  }
  else if(currentTime >= T1 && currentTime < T2){
     fill(0,0,255);
     textSize(48);
     text(currentTime/1000, width/2,height/2);
  }
  else{
     fill(255,0,0);
     textSize(36);
     text("Action~~", width/2,height/2);
  }
}
```

8.3 변환

1) 평행 이동

도형의 기준점 좌표를 바꾸면 움직임을 만들 수 있지만 좌표계의 기준점을 변경해도 움직임을 만들 수 있다. 아래 그림처럼 rect(0,0,50,50)은 좌측상단 모서리가 (0,0)에 위치하고 크기가 50인 정사각형이다. 이 사각형을 x축으로 50, y축으로 100 화소만큼 움직이려면 rect(50,100,50,50)와 같이 기준점을 옮기면 된다. 도형의 기준점이 아닌 좌표계의 기준점을 옮겨도 동일한 결과를 얻을 수 있다.

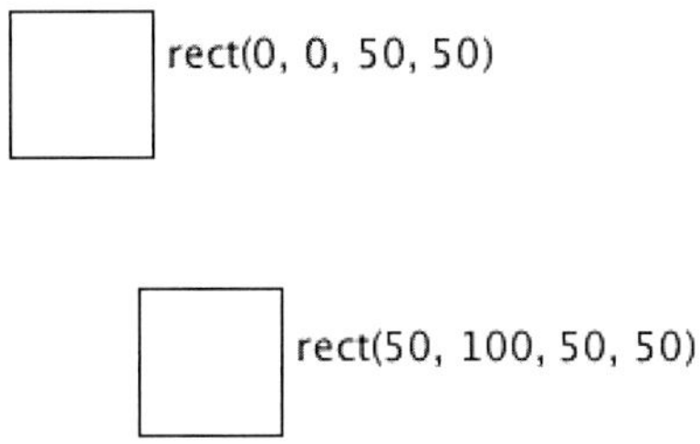

- translate(x,y) : x 값만큼 좌우로, y 값만큼 위아래로 좌표계의 기준점을 옮긴다.
- pushMatrix() : 현재 좌표계를 저장한다.
- popMatrix() : 저장된 이전 좌표계로 복귀한다.

다음에 보인 좌・우 스케치에서 사각형의 위치는 동일하다. 그러나 우측 스케치에 보인 것처럼 좌표계를 변환하면 그 후에 실행되는 모든 명령어에 그 변환이 적용되는 점이 다르다.

```
void setup(){
  size(250,250);
  background(255);

  rect(0, 0, 50, 50);
  rect(50, 100, 50, 50);
}
```

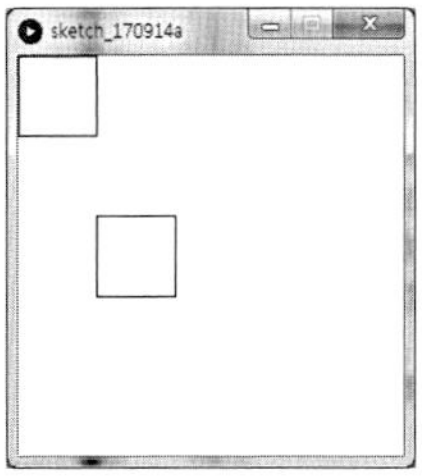


```
void setup(){
  size(250,250);
  background(255);

  rect(0, 0, 50, 50);
  translate(50, 100);
  rect(0, 0, 50, 50);
}
```

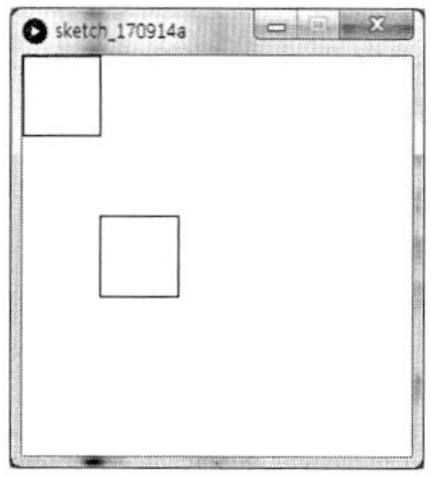

위 스케치에서 또 하나의 사각형을 x축 50, y축 100만큼 이동하여 그린다. 좌표계 기준점을 변경하면 그 이후에 실행되는 코드에는 누적된 좌표계 변환이 적용됨을 볼 수 있다.

```
void setup(){
  size(250,250);
  background(255);

  rect(0, 0, 50, 50);
  rect(50, 100, 50, 50);
  rect(100, 200, 50, 50);
}
```

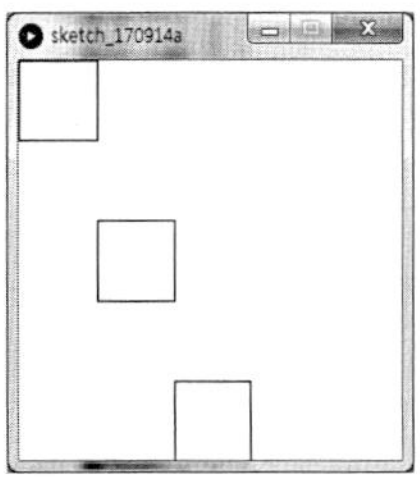


```
void setup(){
  size(250,250);
  background(255);

  rect(0, 0, 50, 50);
  translate(50, 100);
  rect(0, 0, 50, 50);
  translate(50, 100);
  rect(0, 0, 50, 50);
}
```

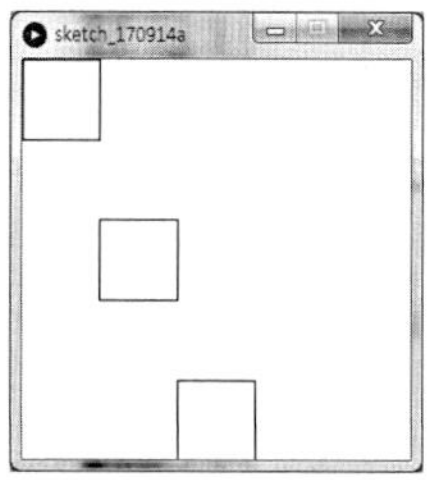

좌표계 변환 이전으로 복귀하고 싶으면 좌표계 변환 전에 pushMatrix()를 실행하여 현재 좌표계를 저장한 후 좌표계를 변환한다. 본래 좌표계로 돌아가고 싶은 지점에서 popMatrix()를 실행하면 저장된 좌표계로 복귀할 수 있다. 이를 정리하면 다음과 같은 순서로 좌표계 변환을 실행한다.

① pushMatrix()를 실행, 현재 좌표계 저장

② 평행이동, 회전, 비례 등을 위한 좌표계 변환

③ popMatrix()로 저장된 좌표계로 복귀

다음 스케치에서 세 번째 사각형은 처음 좌표계 저장, 좌표계 변환, 다시 저장 좌표계로 복귀 후 좌표계 변환 후 그려지기 때문에 두 번째 사각형 위에 그려진다.

```
void setup(){
  size(250,250);
  background(255);

  rect(0, 0, 50, 50);

  pushMatrix();
  translate(50, 100);
  rect(0, 0, 50, 50);
  popMatrix();

  translate(50, 100);
  rect(0, 0, 50, 50);
}
```

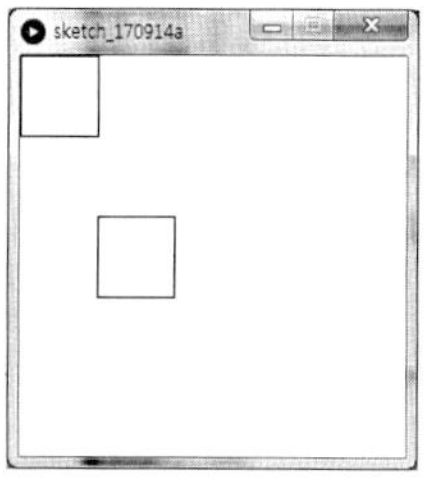

마우스 위치에 사각형 중심이 오도록 하는 스케치를 만들어 보자. 이를 위해 마우스 위치로 기준 좌표계를 변경한 후 사각형을 그린다. background(255) 함수 위치에 따라 사각형이 움직인 과거 흔적이 보이게 또는 안 보이게 할 수 있다.

```
void setup(){
  size(250,250);
  background(255);
  rectMode(CENTER);
}

void draw(){
  translate(mouseX,mouseY);
  rect(0,0,50,50);
}
```

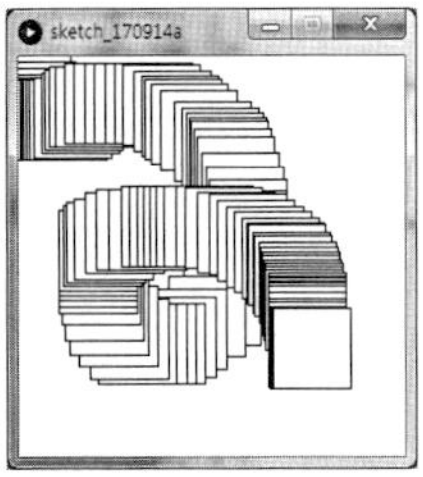


```
void setup(){
  size(250,250);
  rectMode(CENTER);
}

void draw(){
  background(255);
  translate(mouseX,mouseY);
  rect(0,0,50,50);
}
```

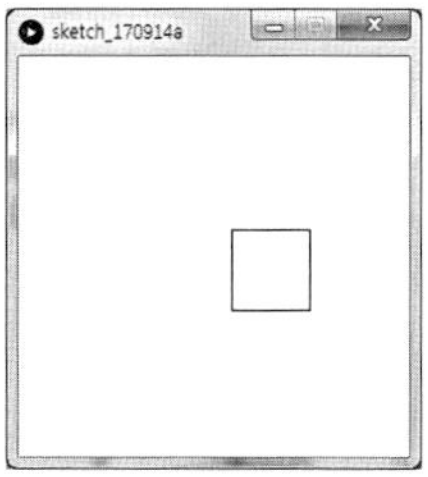

2) 회전

x, y, z축을 기준으로 도형을 회전시키려면 다음과 같은 함수를 사용한다.

- rotate(angle) : angle 값만큼 회전한다. angle은 라디안 값이어야 한다. 각도를 라디안으로 변환하는 함수 radians(각도)를 사용하면 rotate(radians(각도))가 된다.
- rotateX(angle) : x축을 기준으로 angle 값만큼 회전한다.
- rotateY(angle) : y축을 기준으로 angle 값만큼 회전한다.
- rotateZ(angle) : z축을 기준으로 angle 값만큼 회전한다. size(w,h,P3D)로 3차원으로 지정해야 된다.

다음 스케치는 사각형을 창 중앙에 60도 회전시켜 그린다.

```
void setup(){
  size(250,250,P3D);
  background(255);

  translate(width/2, height/2);
  rotate(PI/3.0);
  rect(-25, -25, 50, 50); // 기본 값 CORNER 모드
}
```

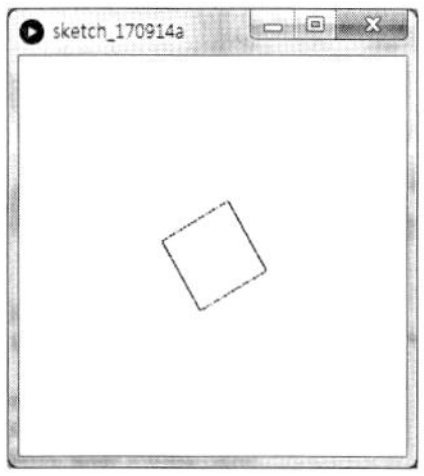

다음 스케치는 사각형을 창 중앙에 x축 기준으로 60도 회전시켜 그린다.

```
void setup(){
  size(250,250,P3D);
  background(255);

  translate(width/2, height/2);
  rotateX(PI/3.0);
  rect(-25, -25, 50, 50); // 기본 값 CORNER 모드
}
```

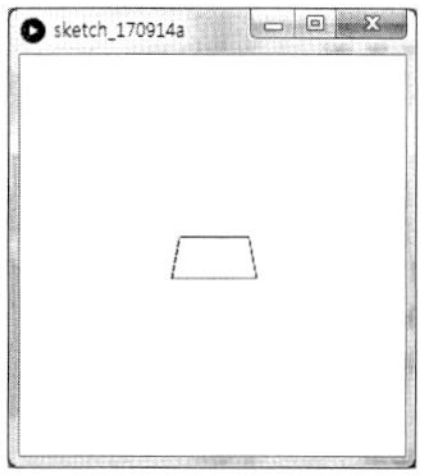

다음 스케치는 사각형을 창 중앙에 y축 기준으로 60도 회전시켜 그린다.

```
void setup(){
  size(250,250,P3D);
  background(255);

  translate(width/2, height/2);
  rotateY(PI/3.0);
  rect(-25, -25, 50, 50); // 기본 값 CORNER 모드
}
```

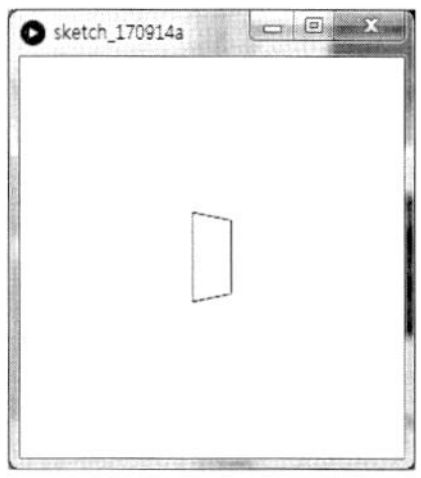

다음 스케치는 사각형을 창 중앙에 z축 기준으로 60도 회전시켜 그린다. 사각형의 모드를 CENTER로 변경해서 그리면 사각형의 기준점이 중앙 (0,0)이 된다.

```
void setup(){
  size(250,250,P3D);
  background(255);

  translate(width/2, height/2);
  rotateZ(radians(60));
  rectMode(CENTER);
  rect(0, 0, 50, 50);
}
```

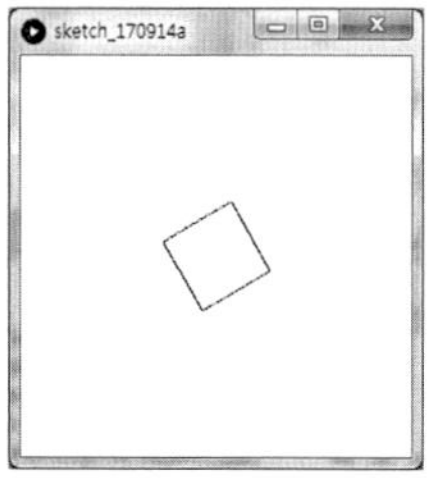

다음 스케치는 마우스 현재 위치에서 매 프레임마다 회전각을 0.5 라디안 증가시키며 사각형을 회전시킨다. 도형은 좌표계 기준점을 중심으로 회전하기 때문에 사각형 기본 모드가 CORNER이면 rect(-25, -25, 50, 50)는 사각형 중심을 기준점으로 회전한다. 즉 사각형의 중심점과 좌표계 기준점이 (0,0)으로 같다. 반면에 rect(0, 0, 50, 50)을 사용하면 사각형 왼쪽 상단 모서리를 기준점으로 회전한다. 좌표계 기준점과 사각형의 왼쪽 상단 모서리가 (0,0)으로 같다. 사각형 중심을 기준점으로 회전할 때 모드를 CENTER 변경해도 동일한 결과를 얻을 수 있다.

`rect(-25, -25, 50, 50);` →	`rectMode(CENTER);` `rect(0, 0, 50, 50);`

```
float angle = 0.;

void setup(){
  size(250,250);
  background(255);
}

void draw(){
  translate(mouseX, mouseY);
  rotate(angle);
  rect(-25, -25, 50, 50);

  angle += 0.5;
}
```

rect(-25, -25, 50, 50);

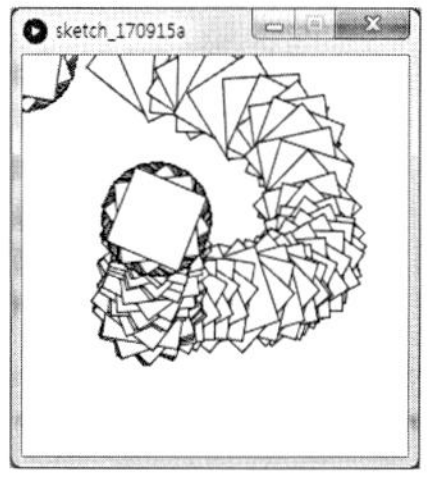

rect(0, 0, 50, 50);

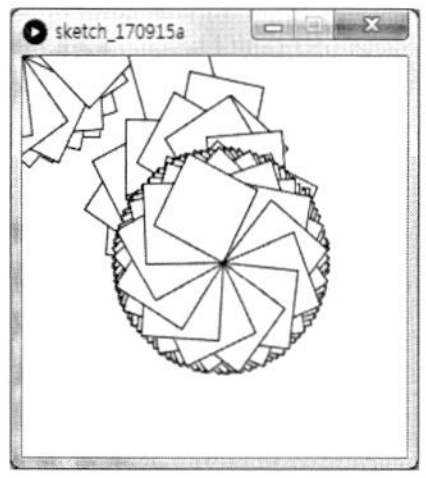

3) 비례

아래 함수를 이용해 도형의 크기를 일정한 비율로 확대 또는 축소할 수 있다.

- scale(s) : s 값의 비율로 도형의 크기를 변경한다. s<1이면 축소, s>1 확대이다.
- scale(x, y) : x축은 x 비율로, y축은 y 비율로 도형 크기를 변경한다.
- scale(x, y, z) : x축은 x 비율로, y축은 y 비율로, z축은 z 비율로 도형 크기를 변경한다.

다음 스케치는 본래 사각형(선 두께 2)과 그 크기를 반으로 줄인 사각형(선 두께 1)을 그린다.

```
void setup(){
  size(250,250);
  background(255);

  strokeWeight(2);
  rect(0, 0, 100, 100);
  scale(0.5);
  strokeWeight(1);
  rect(0, 0, 100, 100);
}
```

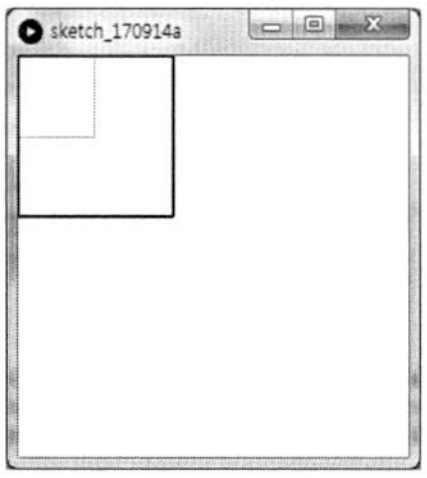

다음 스케치는 본래 사각형(선 두께 2)과 그 크기를 x축으로 0.5배, y축으로 2배로 변경한 직사각형(선 두께 1)을 그린다.

```
void setup(){
  size(250,250);
  background(255);

  strokeWeight(2);
  rect(0, 0, 100, 100);
  scale(0.5,2);
  strokeWeight(1);
  rect(0, 0, 100, 100);
}
```

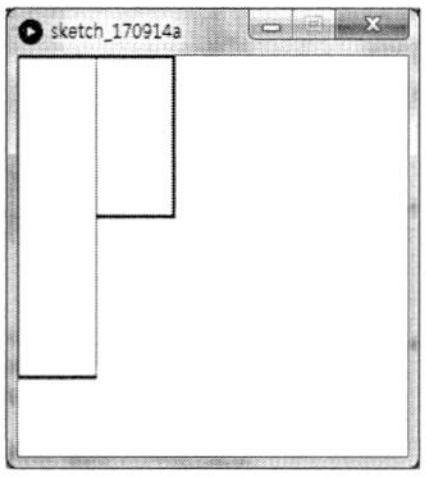

다음 스케치는 크기 50 화소의 정육면체 상자(선 두께 1) 그리고 이 크기를 2배로 변경한 상자(선 두께 3)의 중심이 마우스 현재 위치에 그려지게 한다. box()는 상자를 그리는 함수로 창을 3차원으로 지정해야 한다(size(250,250,P3D)).

- box(size) : 크기 size의 정육면체 상자를 그린다.
- box(w, h, d) : 가로, 세로, 높이가 w, h, d인 상자를 그린다.

```
void setup(){
  size(250,250,P3D);
  background(255);

  noFill();
  translate(width/2, height/2);
  strokeWeight(3);
  box(50, 50, 50);
  scale(2, 2, 2);
  strokeWeight(1);
  box(50, 50, 50);
}
```

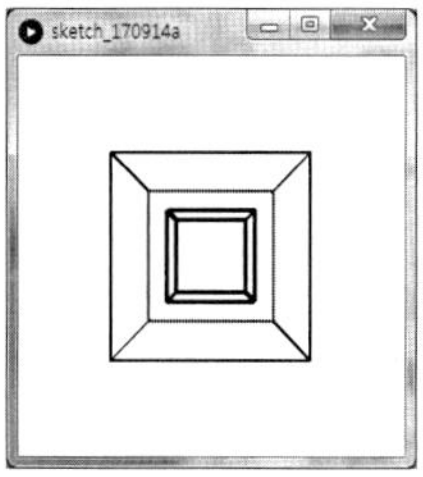

이제 변환들을 결합해보자. 변환하기 전에 현재 좌표계를 저장하고(pushMatrix() 사용) 변환 후 본래 좌표계로 복귀한다(popMatrix() 사용). 다음 스케치는 마우스 현재 위치로 좌표계의 기준점을 옮긴 후 회전 변환과 비례 변환 후 사각형을 그리고 본래 좌표계로 복귀한다. [0,2] 범위에서 무작위 숫자를 발생시켜 이 값으로 비례 변환한다. 프로세싱은 주사위 던지기와 같은 무작위(random) 숫자 발생을 위해 다음과 같은 함수를 지원한다.

- random(high) : [0,high] 범위의 무작위 값을 반환한다.
- random(low,high) : [low,high] 범위의 무작위 값을 반환한다.
- randomSeed(seed) : 정수 값 seed를 사용해 random() 함수의 무작위 발생 패턴을 정한다. 동일한 프로그램 실행 결과를 얻고자 할 때는 고정된 seed 숫자를 사용한다. seed 값으로 컴퓨터 시간을 사용하면 매번 프로그램 실행 시 무작위 발생 패턴은 달라진다.

```
float angle = 0.;

void setup(){
  size(250,250);
  background(255);
  randomSeed(1);
}

void draw(){
  pushMatrix();
  translate(mouseX, mouseY);
  rotate(angle);
  scale(random(2));
  rect(-25, -25, 50, 50);
  popMatrix();
  angle += 0.1;
}
```

연습

6장 연습 문제에서 장면별로 제목이나 설명 등을 위한 텍스트를 추가했다. 이 텍스트에 회전 및 비례 변환의 움직임 효과를 추가한다. 초기 화면(디폴트 case)에 도형 변환으로 이루어진 움직임을 효과(예 움직이는 로고 등)를 추가한다.

09

함수

함수(function)는 변수와 함께 프로그램을 구성하는 기본 요소이다. 함수는 유사한 기능을 하는 명령문을 모아 놓은 것으로 하나의 모듈로 볼 수 있다. 모듈을 만들고 이를 결합하면 더 크고 복합한 프로그램이나 모듈을 효율적으로 만들 수 있고 유지보수도 쉬워진다.

함수에는 사용자 정의 함수와 라이브러리 함수가 있다. 사용자 정의 함수는 말 그대로 사용자가 직접 만든 함수이다. 이미 독자들은 프로세싱에서 제공하는 함수들인 size(), background(), fill(), ellipse() 등을 사용해 프로그램을 구성했는데, 이처럼 프로세싱이 제공하는 함수를 라이브러리라 부른다. 함수는 [그림 9.1]과 같이 헤더(header), 몸체(body) 및 반환형(return type)으로 정의된다. 반환 명령문(return)이 없으면 반환형에 void를 붙인다. 지금까지 사용한 void setup()과 void draw()는 반환형이 없는 함수이다. 매개변수가 없으면 빈 괄호 () 또는 (void)로 사용한다. 즉 void setup()이나 void setup(void)는 반환형도 매개변수도 없음을 표시한다. 함수명이 있는 첫 줄을 헤더라 하고 함수 블록의 시작과 끝을 {}로 지정한다. 함수는 동작(행동)을 실행하기 때문에 함수명은 일반적으로 '행위 동사+명사'를 사용한다. 예 drawCircle(), setSpeed(). 함수의 실행은 호출을 통해 [그림 9.2]와 같은 순서로 이뤄진다.

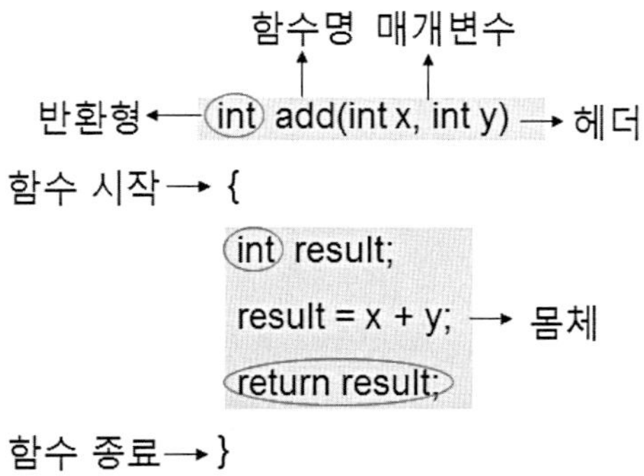

[그림 9.1] 함수의 정의

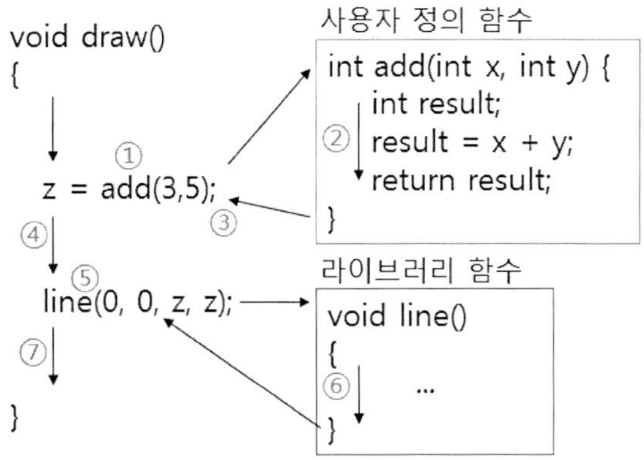

[그림 9.2] 함수 호출 및 실행

다음 스케치는 원을 3개 그린 것이다. 명령문을 보면 fill() 및 ellipse() 명령문이 매개변수 값만 다를 뿐 3번 반복된다. 반복 사용되는 명령문들을 함수로 만들어 모듈화하면 사용이 편하고 코드도 간략해진다.

```
void setup() {
  size(250, 250);
  background(255);
  smooth();
}

void draw() {
  fill(75);
  ellipse(50,50,40,40);
  fill(150);
  ellipse(95,95,70,70);
  fill(225);
  ellipse(170,170,120,120);
}
```

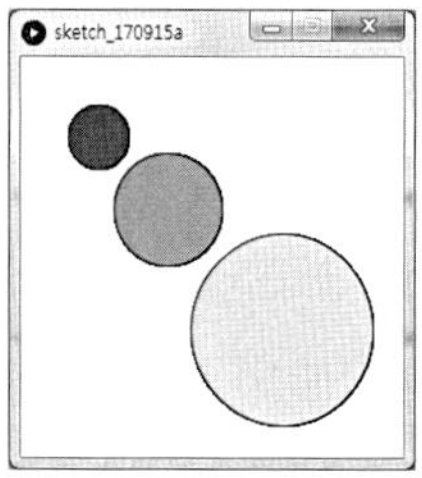

함수 drawCirle()을 만들고 draw() 함수에서 이를 호출, 실행시킨다.

```
void setup() {
  size(250, 250);
  background(255);
  smooth();
}

void draw() {
  drawCircle(50,50,40,75);
  drawCircle(95,95,70,150);
  drawCircle(170,170,120,225);
}

void drawCircle(float x, float y, int r, int c){
  fill(c);
  ellipse(x, y, r, r);
}
```

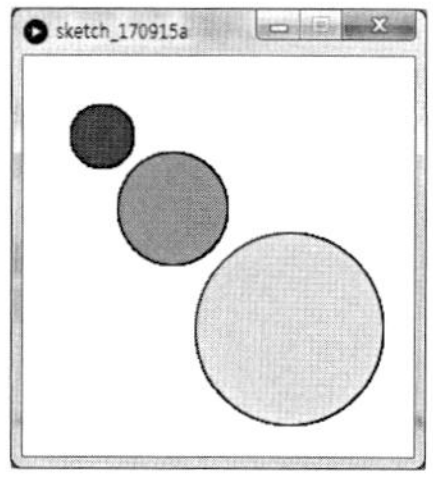

- 함수(function) : 특정한 작업을 수행하는 독립적인 부분으로 함수는 입력을 받을 수 있고 (매개변수로 받음) 출력을 내보낼 수 있다(값을 반환).
- 함수 호출(function call) : 함수명을 적어 실행되도록 하는 것([그림 9.2]의 ①과 ⑤)

다음 스케치는 센티미터(cm)를 인치(inch)로 환산하는 cmToInch() 함수를 만들어 사용한다. 호출 함수의 반환형이 있는 경우에 inch = cmToInch(cm)와 같이 반환된 값이 변수(inch)에 대입되게 호출한다.

```
void setup(){
  float cm = 10;
  float inch = cmToInch(cm);
  println(inch);
}

float cmToInch(float x){
  float y = x/2.54;
  return(y);
}
```

```
3.937008
```

다음 스케치는 마우스 현재 위치에 사각형 5개로 구성된 차를 그린 것이다. 이 때 차를 그리는 함수 drawCar()를 사용한다. 차의 중심 좌표, 폭과 길이, 바퀴의 폭과 길이를 변수로 만든다. 사각형 그리기 모드를 CENTER로 변경한다. [그림 9.3]과 같이 몸체의 중심 좌표가 x, y이면 바퀴의 중심 좌표는 몸체의 꼭지점 좌표에 해당한다. 색 지정을 위해 color 데이터 유형의 변수 c1, c2를 선언하고 color() 함수를 사용해 값을 정의한다.

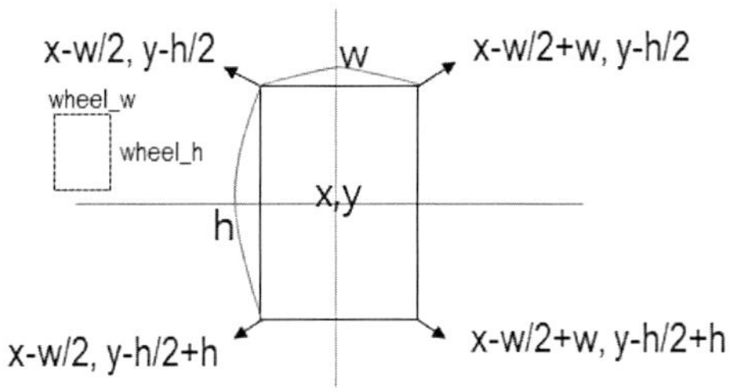

[그림 9.3] 몸체 및 바퀴 중심 좌표

```
float x, y;
color c1, c2;
int w, h;

void setup(){
  size(250,250);
```

```
  noStroke();
  x = width/2;
  y = height/2;
  c1 = color(0, 204, 255, 50);
  c2 = color(255, 150, 0, 50);
}

void draw(){
  background(255);
  w = 20;
  h = 40;
  drawCar(x,y,w,h,c1);
  w = 30;
  h = 60;
  drawCar(mouseX,mouseY,w,h,c2);
}
```

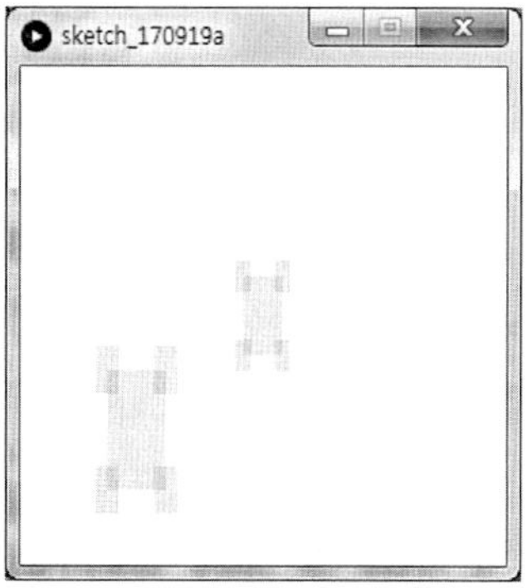


```
void drawCar(float x, float y, int w, int h,
color c){
  float wheel_w = 0.4*w;
  float wheel_h = 0.4*h;

  fill(c);
  rectMode(CENTER);
  rect(x,y,w,h); // body rect(x-w/2, y-h/2, wheel_w, wheel_h);
// 좌측 상단 바퀴 rect(x+w/2, y-h/2, wheel_w, wheel_h);
// 우측 상단 바퀴 rect(x-w/2, y+h/2, wheel_w, wheel_h);
// 좌측 하단 바퀴 rect(x+w/2, y+h/2, wheel_w, wheel_h);
// 우측 하단 바퀴
}
```

연습

8장 연습 문제에서 장면별로 표현(표시)할 스케치를 완성했다. 이제 장면별로(switch 문의 case별) 표현할 코드를 함수로 만들어 보자. 장면별 표시 함수인 void sceneDefault(), void sceneOne(), void sceneTwo(), void sceneThree()를 draw() 함수 아래에 만든다. draw() 함수 안에 있던 장면별 표시 코드를 각각 sceneDefault(), sceneOne(), sceneTwo(), sceneThree() 안으로 옮긴다. switch 문의 case에서는 장면별 함수를 호출한다. 이렇게 변경하면 draw() 함수가 간단해지고 이해하기 쉬워진다. 장면별로 표시 내용을 변경할 필요가 있으면 해당 함수에서 이를 수정하면 된다.

10

객체

여기서는 프로세싱으로 객체지향 프로그래밍(OOP : Object Oriented Programming)을 하는데 필요한 최소한의 기초적인 내용을 설명한다(https://processing.org/tutorials/objects/ 참고). 사람은 머리 색, 안경 착용 여부, 혈액형 등과 같은 특징(속성)을 갖는 동시에 잠자기, 일어나기, 아침 먹기, 출근 등과 같은 행동을 한다. 객체는 사람과 같이 특징(속성)과 행동을 모두 갖는다. 프로그래밍 관점에서 보면 객체의 특징(속성)은 변수이며 행동은 함수이다. 즉 객체는 변수와 함수를 모두 포함한 것으로 객체지향 프로그래밍은 변수와 함수를 결합한 객체를 중심으로 프로그래밍 하는 것을 말한다. 가령, 은행에서 예금을 인출한다고 생각하자. 실체인 '손님'과 '예금 인출 신청' 행동은 하나의 객체이고 '은행원'과 '예금 인출' 행동도 또 다른 객체이다. 이들 두 객체를 사용해 예금 인출 서비스를 프로그래밍하면 객체지향프로그램이 된다.

사람이란 객체가 가질 수 있는 데이터(속성)와 함수(행동) 일부를 나열해보자.

- 인간 데이터 : 키, 체중, 성별, 눈 색, 머리 색, 혈액형
- 인간 함수 : 잠자기, 일어나기, 먹기, 교통수단 타기

이는 개념적인 것으로 인간이란 키, 머리 등의 속성을 갖고 잠자고 먹고 등의 행동을 해야 된다는 뜻이다. 객체지향 프로그래밍에서는 이를 인간이란 클래스(class)로 정의한다. 클래스는 객체와 다르다. 객체는 실체이다. 당신은 객체이고 나도 객체이다. 지하철에 있는 어떤 사람도 객체이다. 우리 모두는 사람이고 인간이란 개념의 실체이다.

9장에서 설명한 함수를 사용한 프로그래밍(절차지향 프로그래밍이라 부름)과 객체지향 프로그래밍의 차이를 알아보자.

1) 절차지향 프로그래밍(함수 사용)

사각형(Car라 생각하자)을 창에서 수평으로 움직이기 위한 스케치를 생각해 보자. 아래와 같은 데이터(속성)와 함수(행동)가 필요하다.

- 전역변수인 데이터로 다음과 같은 것을 가진다.
  차의 색(Car color)
  차의 x 위치(Car x)
  차의 y 위치(Car y)
  차의 속도(Car speed) : 수평으로만 움직임
- 함수
  Setup() :
  - 차의 색을 초기화 한다.
  - 차를 시작점 위치에 둔다.
  - 차의 초기 속도를 지정한다.

  Draw() :
  - 배경색 칠하기: background().
  - 속도만큼 차의 위치 움직이기: move().
  - 차의 위치에 채색된 차 표시하기: display().

위의 데이터와 함수를 구현하려면 프로그램 맨 위에 전역변수를 정의해야 하고 setup() 함수에서 초기화를 하고 draw() 함수에서 차를 움직이고 표시하는 함수를 호출해야 한다. 이를 정리하면 다음과 같다.

```
color c;
float x;
float y;
float speed;

void setup() {
  size(200,200);
  c = color(0);
  x = 0;
  y = 100;
```

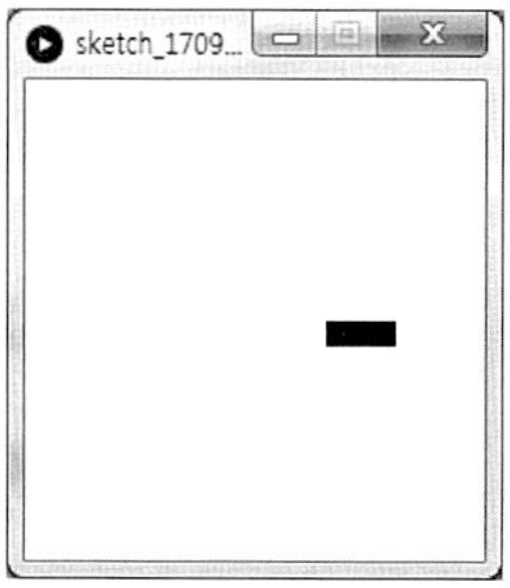

```
  speed = 1;
}

void draw() {
  background(255);
  move();
  display();
}

void move() {
  x = x + speed;
  if (x > width) {
    x = 0;
  }
}

void display() {
  fill(c);
  rect(x,y,30,10);
}
```

2) 객체 사용

객체지향 프로그래밍은 모든 변수와 함수를 하나의 객체, car에 포함시켜야 한다. 객체 car는 데이터인 색(color), 위치(x, y), 속도(speed)와 행동(차를 움직이고 차를 표시)인 함수 move()와 display()를 포함한다. 객체지향 프로그래밍에서는 함수 대신 메서드(method)라는 용어를 사용한다. 객체지향 방식으로 정리하면 다음과 같다.

- 전역변수 데이터 : Car 객체인 myCar 선언, Car myCar.
- setup(): 생성자 함수 Car()를 사용해 myCar 객체를 초기화, myCar = new Car().
- draw() :
  - 배경 칠하기: background().
  - 객체 myCar 이동하기: myCar.move().

- 객체 myCar 표시하기 : myCar.display().

절차지향 프로그래밍 스케치에서 사용한 전역변수와 함수는 [그림 10.1]과 같이 Car 클래스 안으로 이동, 클래스 안에 변수와 함수가 포함된다. 차의 색, 위치, 속도를 개별 변수로 사용하지 않고 대신 myCar란 객체 하나만 변수로 사용한다. 이들 3개 변수를 초기화 하는 대신 Car 클래스의 생성자 함수인 Car() 앞에 new를 붙여 myCar 객체를 초기화 한다(myCar = new Car()).

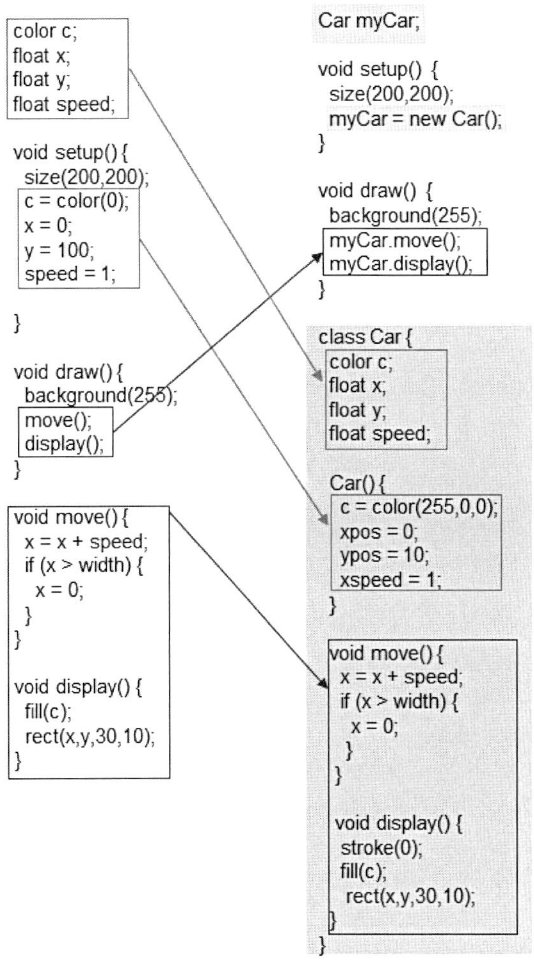

[그림 10.1] 객체로 변환

Car 클래스에 대해 자세히 알아보자. 클래스는 4가지 구성요소인 이름, 데이터, 생성자(constructor)와 메서드(함수)를 갖는다.

- 클래스 이름 : 클래스는 class 다음에 클래스 이름이 온다. 어떤 이름이라도 되며 이름 뒤에 '{'가 오고 클래스 마지막에 '}'가 온다. 클래스 내의 모든 코드는 블록({}) 내부에 있다. 클래스 이름은 대문자를 사용한다. 변수 이름에 소문자를 주로 사용하는 것과 구별하기 위함이다. [그림 10.1]의 class Car에서 클래스 이름은 Car이다.
- 데이터 : 클래스의 데이터는 변수를 모아 놓은 것이다. [그림 10.1]에서 데이터 변수는

```
color c;
float x;
float y;
float speed;
```

- 생성자 : 생성자는 객체를 생성하는 클래스의 특별한 함수로 객체 초기화에 사용한다. 생성자는 클래스 이름과 동일하며 'new'라는 연산자에 의해 호출된다. [그림 10.1]에서 생성자 함수는 Car()이고 다음과 같이 객체 변수 myCar를 생성한다.

```
Car myCar; // 객체 선언
myCar = new Car(); // 객체 초기화
```

위 둘을 한 줄로 줄일 수 있다. Car myCar = new Car();

- 함수(메소드) : 필요한 함수 move()와 display()를 만들어 클래스에 추가한다.

클래스를 정의하는 코드는 setup() 및 draw() 함수 밖의 어디에 위치해도 되지만 아래와 같이 편의상 draw() 함수 하단에 두거나 별도 파일에 둔다.

```
객체 선언

void setup() {
}

void draw() {
}

class Car {

}
```

객체 car를 사용한 스케치를 정리해보자.

```
// ① 객체 변수를 선언한다.
Car myCar;


void setup()  {
  // ② 객체를 초기화한다.
  myCar = new Car();
}

void draw()  {
  background(255);
  // ③ 객체 함수를 호출한다.
  myCar.move();
  myCar.display();
}
```

① 객체 변수의 선언 : 변수는 항상 데이터 유형과 이름으로 선언된다(예 int var). 이와 유사하게 객체 변수의 선언은 객체 유형의 변수를 만드는 것이다. 차이점은 유형이 데이터 유형이 아니라 클래스 이름인 것이다(예 Car myCar).

② 객체의 초기화 : 변수를 초기화할 때 변수에 값을 대입했다(예 int x = 0;). 객체를 초기화하는 것은 조금 복잡한데 단지 정수나 실수 값을 할당하는 대신 객체를 생성한다. 객체는 'new'라는 연산자로 만들어진다(예 myCar = new Car();). 여기서 myCar는 객체 이름이고 =는 생성한 Car 객체를 대입한다는 의미이다. 이 때 Car 클래스에 정의된 생성자 함수 Car()를 실행, 객체 변수를 초기화한다. 변수를 만들 때 초기 값을 주지 않으면 기본으로 0이 할당되지만 객체 초기화에는 기본 값이 적용되지 않으며 null이 할당된다. 이는 0이 아니며 아무것도 없음을 의미한다.

③ 객체의 사용 : 객체 변수를 만들고 초기화 했으면 이제 이를 사용할 차례이다. 객체를 사용한다는 의미는 객체에 포함된 함수를 호출하는 것을 의미한다. 객체 내부 함수 호출은 '객체이름.객체함수명(매개변수)'을 통해 이루어진다. 여기서 도트(.)는 객체와 객체에 속한 변수 및 함수를 연결하는 것으로 '의'로 해석한다. 객체 car의 경우 함수가 매개변수를 갖지 않기 때문에 myCar.move() 및 myCar.display()이다.

Car 클래스를 사용한 스케치는 다음과 같이 변경된다.

```
Car myCar;

void setup()  {
  size(200,200);
  myCar = new Car(); // myCar 객체 초기화
}

void draw()  {
  background(255);
  myCar.move();   // myCar를 움직임
  myCar.display();   // myCar를 표시함
}

class Car {
  color c;
  float x;
```

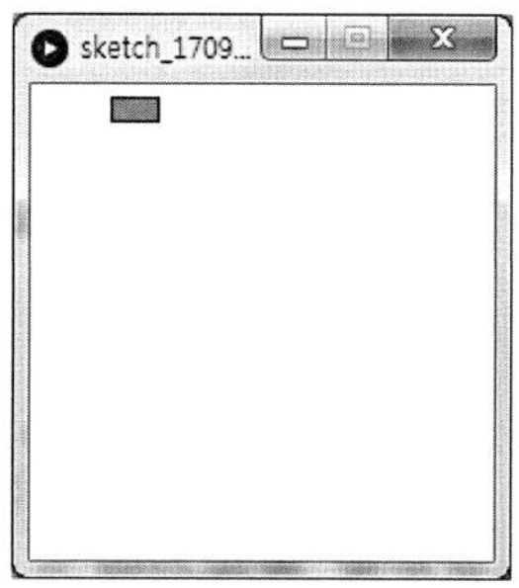

```
  float y;
  float speed;

  Car() {
    c = color(255,0,0);
    x = 0;
    y = 10;
    speed = 1;
  }

  void display() {
    stroke(0);
    fill(c);
    rect(x,y,30,10);
  }

  void move() {
    x = x + speed;
    if (x > width) {
      x = 0;
    }
  }
}
```

3) 다수의 객체가 서로 다른 속성을 갖는 경우

앞에서 생성자 함수에 매개변수를 사용하지 않았는데 차 객체가 하나가 아니면 문제가 될 수 있다. 매개변수 없는 생성자 함수로 만들어진 객체 myCar1과 myCar2는 동일한 변수 값(속성)을 갖는다.

```
myCar1 = new Car();
myCar2 = new Car();
```

두 객체가 서로 다른 속성을 갖는다면 객체 생성 시에 매개변수를 이용 속성 값을 지정해 줄 필요가 있다. 가령, myCar1은 붉은 색, 위치가 (0,10), 속도(speed)가 1인 속성을 갖으며 myCar2는 파란 색, 위치가 (0,100), 속도(speed)가 2인 속성을 갖는다 하자. 이들 속성 값을 다음과 같이 생성자 함수의 매개변수에 둔다.

```
Car myCar1 = new Car(color(255,0,0),0,10,1);
Car myCar2 = new Car(color(0,0,255),0,100,2);
```

생성자 함수는 다음과 같이 변경한다.

```
Car(color tempC, float tempX, float tempY, float tempSpeed) {
  c = tempC;
  x = tempX;
  y = tempY;
  speed = tempSpeed;
}
```

함수의 매개변수는 함수내의 지역변수로 함수 호출 시에 값을 얻는다. 생성자 함수의 매개변수는 객체를 생성할 때 객체의 데이터 변수에 값을 전달한다. [그림 10.2]처럼 생성자의 매개변수는 어떤 이름을 가져도 상관없지만 객체를 생성할 때 값을 전달하는 일시적인 역할 때문에 변수 이름 앞에 temp를 붙이기도 한다. 동일한 생성자 함수를 사용하여 다양한 객체를 만들 수 있다. [그림 10.2]에서 myCar1 = new Car(color(255,0,0),0,10,1)은 다음과 같이 myCar1의 객체 변수에 값을 대입하는 것과 같다.

```
myCar1.c = color(255,0,0);
myCar1.x = 0;
myCar1.y = 10;
myCar1.speed = 1;
```

마찬가지로 myCar2 = new Car(color(0,0,255),0,100,2)는 다음과 동일한 결과를 가진다.

```
myCar2.c = color(0,0,255);
```

```
myCar2.x = 0;
myCar2.y = 100;
myCar2.speed = 2;
```

```
Car myCar1, myCar2;

void setup() {
  size(200,200);

  myCar1 = new Car(color(255,0,0),0,10,1);
  myCar2 = new Car(color(0,0,255),0,100,2);
}

void draw() {
  background(255);
  myCar1.move();
  myCar2.move();
  myCar1.display();
  myCar2.display();
}
```

```
class Car {
  color c;
  float x;
  float y;
  float speed;

  Car(color tempC, float tempX, float tempY, float tempSpeed) {
    c = tempC;
    x = tempX;
    y = tempY;
    speed = tempSpeed;
  }

  void display() {
    stroke(0);
    fill(c);
    rect(x,y,30,10);
  }

  void move() {
    x = x + speed;
    if (x > width) {
      x = 0;
    }
  }
}
```

[그림 10.2] 생성자 함수의 매개변수

두 개의 객체를 갖는 스케치는 다음과 같이 수정된다.

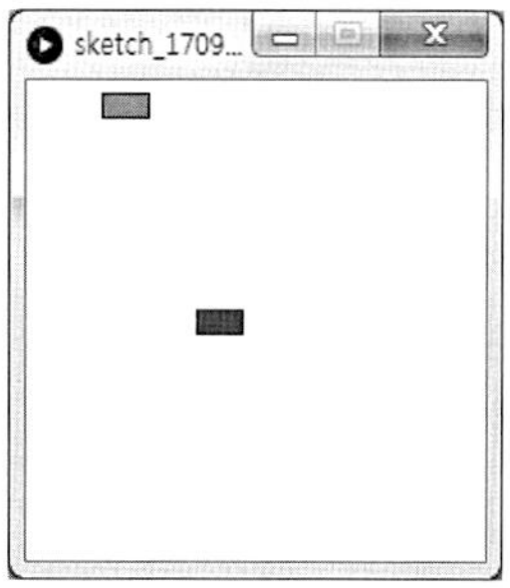


```
Car myCar1, myCar2;

void setup()  {
  size(200,200);
  myCar1 = new Car(color(255,0,0),0,10,1);
  myCar2 = new Car(color(0,0,255),0,100,2);
}

void draw()  {
  background(255);
  myCar1.move();
```

```
  myCar1.display();
  myCar2.move();
  myCar2.display();
}

class Car {
  color c;
  float x;
  float y;
  float speed;

  Car(color tempC, float tempX, float tempY, float tempSpeed){
    c = tempC;
    x = tempX;
    y = tempY;
    speed = tempSpeed;
  }

  void display() {
    stroke(0);
    fill(c);
    rect(x,y,30,10);
  }

  void move() {
    x = x + speed;
    if (x > width) {
      x = 0;
    }
  }
}
```

클래스에는 또 다른 클래스의 객체를 포함할 수 있다. Fork 및 Spoon 클래스가 있다고 하자. PlaceSetting이란 클래스를 정의할 때 다음과 같이 Fork 및 Spoon 클래스의 객체 변수를

PlaceSetting 클래스 내에 포함할 수 있다. 데이터 유형처럼 객체도 매개변수를 통해 함수에 건네질 수 있다.

```
class PlaceSetting  {
  Fork fork;
  Spoon spoon;

  PlaceSetting()  {
    fork = new Fork();
    spoon = new Spoon();
  }
}
```

이상의 내용을 정리하면 다음과 같다.

- 객체는 관련 있는 데이터 변수와 함수(메서드)의 집합체(모음)이다.
- 객체 변수를 객체 인스턴스(instance) 변수라고도 부른다.
- 클래스는 객체의 설계도이다. 설계도 자체로 쓸 수 없듯이 클래스 자체는 사용할 수 없다. 설계도로 만든 물건은 사용할 수 있는 것처럼 클래스에서 객체를 생성하고 이 객체를 사용한다.
- 생성자 함수 이름은 클래스 이름과 같다. 생성자 함수의 코드는 객체가 생성될 때 한 번 실행되며 생성된 객체의 데이터 변수에 초기 값을 할당하는 역할을 한다.
- 동일한 클래스에서 만들어진 객체들이 생성자 함수를 통해 서로 다른 데이터 변수 값을 할당받을 수 있다.
- 객체 이름 다음의 도트(.)는 객체와 객체에 속한 변수 및 함수(메서드)를 연결한다. 도트를 '의'로 해석한다.
- 앞 장에서 배운 이미지 처리 PImage, 도형 처리 PShape, 폰트 처리 PFont, 카메라 영상 캡처 Capture, 동영상 재생 Movie, 문자열 처리 String은 클래스이다.

연습

9장의 마지막 부분에서 설명한 아래 그림의 자동차를 Car 클래스로 만든다. 클래스는 현재 위치(x,y), 색상 및 크기 속성을 갖는다. 서로 다른 속성을 갖는 객체 2개를(car1, car2) 생성한다. 두 객체의 색상과 크기 초기 값은 임의로 할당하고 car1의 위치 초기 값은 마우스 현재 위치로, car2의 위치 초기 값은 창의 중앙으로 한다.

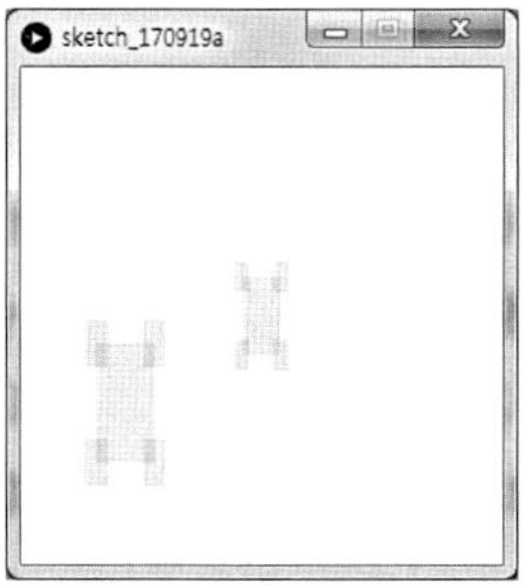

완성되었으면 사각형 대신 이미지를 불러와 차를 표시하도록 코드를 수정해보자.

11

배열

배열(array)은 동일한 유형의 데이터가 여러 개 저장되는 데이터 저장 공간을 말한다. 배열 안에 들어있는 각각의 데이터는 배열에서 그 위치를 나타내는 정수인 번호(인덱스)에 의해 식별된다. 배열은 모든 데이터 유형에 사용할 수 있고 배열 사용으로 여러 개의 데이터를 하나의 이름을 처리할 수 있다. 배열의 시작 번지는 0 부터이고 마지막은 배열의 크기에서 1을 뺀 수이다. 배열은 객체와 유사해서 키워드 new와 함께 만들어진다.

한 반에 학생이 20명 있다고 하자. 학생 성적을 저장하기 위해 개별 변수를 사용한다면 20개의 서로 다른 변수를 만들어야 하지만 배열을 사용하면 다음과 같이 하나면 된다.

```
float grade1, grade 2, … grade20;
→ float[] grade = new float[20];
```

배열은 다음과 같이 만든다.

- 데이터 유형[] 배열명 = new 데이터 유형[데이터 개수]; // 1차원 배열
- 배열 데이터의 시작 번지는 0부터이다.
- 배열의 크기는 배열명.length가 갖고 있다.

```
int[] data = new int[3];
data[0] = 10;  // 배열 첫 번째 원소에 데이터 대입(0 번지부터 시작)
data[1] = 20; // 배열 두 번째 원소에 데이터 대입
data[2] = 30;  // 배열 세 번째 원소에 데이터 대입
위 4줄을 다음과 같이 한 줄로 줄여 쓸 수 있다.
int[] data = { 10, 20, 30 };  // 배열 생성과 초기 값 대입을 한 번에
이 때 data.length는 배열 크기 3인 값을 가진다.
```

2차원 배열은 다음과 같이 만든다.

- 데이터 유형[][] 배열명 = new 데이터 유형[행 데이터 개수][열 데이터 개수];
- 배열명.length는 배열의 행 데이터 수를 갖는다.

```
int[][] d = new int[10][2];
int[][] d1 = {{1, 5}, {5,204}, {2,51}, {3,102}, {3,5}, {4,153},
{2,30}, {2,51}, {3,102}, {5,204} }; // 10행 2열로 저장되고 d1.length
는 행의 크기 10을 갖는다.
int[][] d2 = { {1, 5, 2, 3, 3, 4, 2, 2, 3, 5}, {5, 204, 51, 102, 5,
153, 30, 51, 102, 204} }; // 2행 10열로 저장되고 d2.length는 행의 크기
2를 갖는다.
```

1	5
5	204
2	51
3	102
3	5
4	153
2	30
2	51
3	102
5	204

배열 d1

1	5	2	3	3	4	2	2	3	5
5	204	51	102	5	153	30	51	102	204

배열 d2

다음 스케치는 전역변수인 배열 data에 9개의 정수 데이터를 저장하고 for 반복문을 사용해서 배열 0 번지부터 크기-1 번지까지의 데이터를 선의 x 좌표로 사용해서 수직선을 그린다. 배열의 크기 정보(data.lengh)는 반복문을 사용할 때 매우 유용하다.

```
int[] data = { 10, 20, 35, 40, 55, 60, 70, 80,
100 };

void setup(){
  size(250,250);
  background(255);
  println(data.length); // 콘솔에 9 출력
  for (int i = 0; i < data.length; i++) {
    line(data[i], 0, data[i], height);
  }
}
```

2차원 배열 data에 10행 2열의 데이터를 입력한 후 이를 사용하여 선을 그린다. 배열 data의 첫 번째 열(data[i][0])에 있는 데이터로 i 번째 선의 굵기를, 두 번째 열(data[i][1])에 있는 데이터로 선의 길이를 지정한다.

```
int[][] data = { {1,5}, {5,204}, {2,51},
    {3,102}, {3,5}, {4,153}, {2,30}, {2,51},
    {3,102}, {5,204} };

void setup() {
  size(150, 150);
  background(255);
  println(data.length); // 10 출력

  for (int i = 0; i < data.length; i++) {
    strokeWeight(data[i][0]);
    line(i*10,0, i*10, data[i][1]);
  }
}
```

2차원 배열 data에 데이터의 입력을 2행 10열로 변경하여 배열 data의 첫 번째 행(data[0][i])에 있는 데이터로 i 번째 선의 굵기를, 두 번째 행(data[i][1])에 있는 데이터로 선의 길이를 지정한다.

```
int[][] data = { {1, 5, 2, 3, 3, 4, 2, 2, 3,
5},{5, 204, 51, 102, 5, 153, 30, 51, 102, 204} };

void setup() {
  size(250, 250);
  background(255);
  println(data.length);  // 콘솔에 2 출력
```

```
  for (int i = 0; i < 10; i++) {
    strokeWeight(data[0][i]);
    line(i*10,0, i*10, data[1][i]);
  }
}
```

마우스 움직임 데이터를 배열에 저장한 후 이를 그래프로 그린다. 마우스의 현재 및 이전 좌표는 mouseX, mouseY, pmouseX, pmouseY가 갖고 있다. 이들 값의 과거 움직임 데이터를 배열에 저장한다. 창의 크기가 (250,250)이니 배열에 가장 최근의 마우스 y축 좌표 데이터 250개를 저장한다. 마우스의 y축 좌표는 최근 값이 창의 왼쪽에 표시된다. 프레임이 실행될 때마다(deaw() 함수가 실행될 때마다) 배열 데이터는 우측으로 한 칸 이동하고 가장 최근의 마우스 값이 배열 시작 번지에 저장된다.

```
int[] y;

void setup() {
  size(250, 250);
  y = new int[width];
}

void draw() {
  background(255);
  // 배열 데이터 한 칸 우측으로 이동
  for (int i = y.length-1; i > 0; i--) {
    y[i] = y[i-1];
  }
  // 최근 마우스 y 좌표를 배열 시작 위치에 대입
  y[0] = mouseY;
  // 마우스 y 움직임 표시
  for (int i = 1; i < y.length; i++) {
    line(i, y[i], i-1, y[i-1]);
  }
}
```

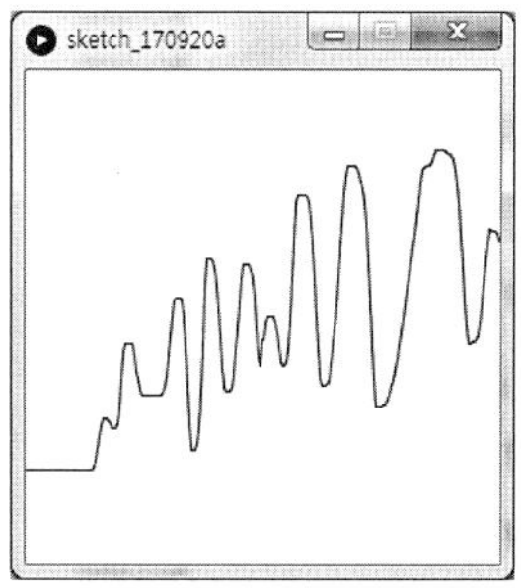

이번에는 마우스 x, y 좌표 모두를 사용해서 마우스 움직임을 2차원에 타원으로 표시한다. 2차원 배열을 사용해도 되지만 1차원 배열 x, y를 사용한다.

```
int[] x;
int[] y;
int n = 200;

void setup() {
  size(250, 250);
  x = new int[n];
  y = new int[n];
  background(255);
}

void draw() {
  // 배열 데이터를 우측으로 한 칸 이동시킴
  for (int i = n-1; i > 0; i--) {
    x[i] = x[i-1];
    y[i] = y[i-1];
  }
  // 최근 마우스 좌표를 배열 시작 위치에 저장
  x[0] = mouseX;
  y[0] = mouseY;
  // 배열 데이터를 중심 좌표로 사용해 타원을 그림
  for (int i = 0; i < n; i++) {
    ellipse(x[i], y[i], 5, 5);
  }
}
```

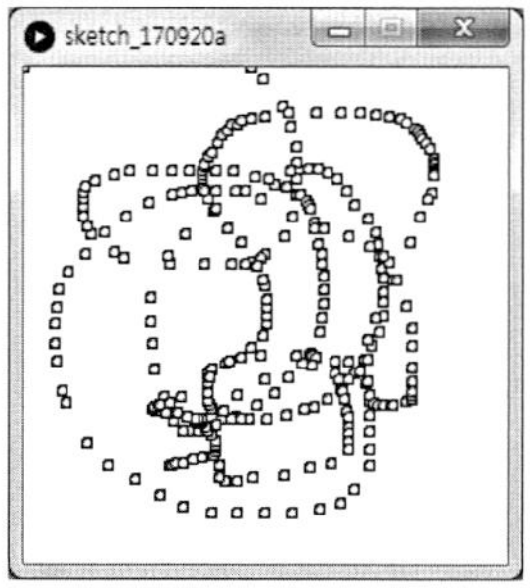

배열에 객체를 저장할 수도 있다. 이 경우 배열의 원소가 객체이기 때문에 다음과 같은 순서로 객체를 배열에 저장하고 사용한다. 10장에서 작성한 Car 클래스에서 10개의 객체를 배열에 할당하는 것을 예로 설명한다.

① 배열을 선언한다.

```
Car[] carArray;  // 클래스 Car의 객체를 저장할 배열 선언
```

② 배열을 생성한다.

```
carArray = new Car[10];
```

③ 배열에 넣을 객체를 생성한다.

```
for (int i = 0; i < carArray.length; i++) {
  carArray[i] = new Car(color(255,i*25,255-i*25),
                        random(5,height-5),random(1,3));
}
```

④ 배열에 할당된 객체의 함수(메서드)를 실행한다.

```
carArray[i].move();
carArray[i].display();
```

배열을 사용해 10개의 Car 객체를 움직이고 표시하기 위한 스케치는 다음과 같다.

```
Car[] carArray;

void setup()  {
  size(250,250);
  carArray = new Car[10];
  for (int i = 0; i < carArray.length; i++) {
     carArray[i] = new
          Car(color(0,i*25,255-i*25),
              random(5,height-5),random(1,3));
  }
}

void draw()  {
  background(255);
```

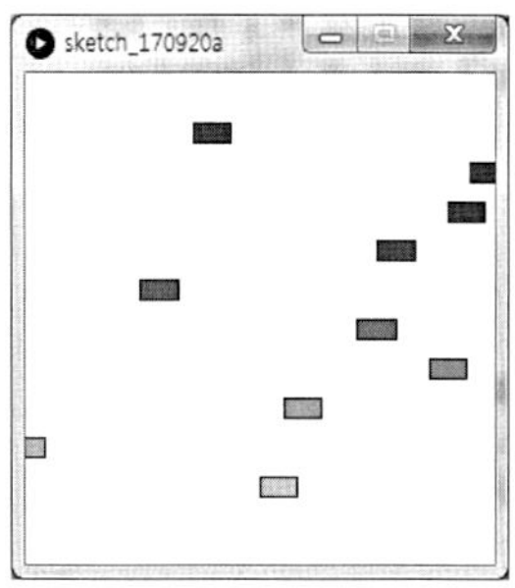

```
  for (int i = 0; i < carArray.length; i++) {
    carArray[i].move();
    carArray[i].display();
  }
}

class Car {
  color c;
  float xpos;
  float ypos;
  float xspeed;

  Car(color tempC, float tempX, float tempY,
float tempXspeed){
    c = tempC;
    xpos = tempX;
    ypos = tempY;
    xspeed = tempXspeed;
  }

  void display() {
    stroke(0);
    fill(c);
    rectMode(CENTER);
    rect(xpos,ypos,20,10);
  }

  void move() {
    xpos = xpos + xspeed;
    if (xpos > width) {
      xpos = 0;
    }
  }
}
```

연습

10장 연습에서 완성한 Car 객체 두 개를 배열 carArray에 저장해서 사용되도록 코드를 수정한다.

12

문자열

문자열(string)은 문자 조합으로 항상 쌍 따옴표("welcome")안에 작성한다(문자는 홑 따옴표 'a'안에 작성). 프로세싱은 문자열 처리를 위해 클래스 String을 제공한다. 이 클래스는 문자열에서 개별 문자를 조사하고, 문자열을 비교하고, 문자열의 일부를 발췌하고, 전체 문자열을 대문자 또는 소문자로 변경하는 함수(메서드)를 제공한다.

String 클래스를 사용하여 객체 str1을 생성하고 객체에 문자열 CCCP를 대입하려면 다음과 같이 한다.

```
String str1 = "CCCP";
```

문자열 대신 문자를 하나씩 저장하려면 다음과 같이 문자형 배열을 만들어 사용한다.

```
char data[] = {'C', 'C', 'C', 'P'};
```

문자형 배열(예 data)을 이용해 문자열 객체를 초기화 할 수 있다.

```
String str2 = new String(data);
```

문자열을 콘솔 영역에 출력하려면 print(), println()을 사용한다.

```
println(str1);  // 콘솔 영역에 CCCP 출력
println(str2);  // 콘솔 영역에 CCCP 출력
```

문자열에 특수 문자를 포함할 수 있는데 이 때 \를 사용한다. 가령 "abc"로 콘솔 영역에 출력되게 하려면 다음과 같이 한다.

```
String str = "\"abc\"";
println(str);  // 콘솔 영역에 "abc"로 출력됨
```

\t는 한 탭 간격을 띠우고 \n은 줄 바꿈을 나타낸다.

```
String str = “ab\tcd\nef”;
println(str);  // ab   cd(cd는 한 탭 띠고 출력)
               // ef (ef는 줄바뀌 출력됨)
```

문자열을 합칠 때는 + 연산자를 사용한다.

```
String str1 = "abcd";
String str2 = "ABCD";
String str = str1 + str2;
println(str); // 콘솔 영역에 abcdABCD 출력
```

String 클래스는 문자열의 손쉬운 처리를 위해 다음과 같은 함수(메서드)를 제공한다.

- charAt() : 지정된 번지에 있는 문자를 반환한다.

```
String str = "abcd";
char c1 = str.charAt(0); // a 대입, 번지는 0 부터 시작
char c2 = str.charAt(1); // b 대입
char c3 = str.charAt(str.length()-1); // d 대입, str.length()은 4를 반환
println(c1 + ":" + c2 + ":" + c3);  // 콘솔 영역에 a:b:d 출력
```

- equals() : 문자열과 지정된 객체를 비교

```
String str1 = "abcd";
String str2 = "abcd";
if (str1.equals(str2) == true) { // 두 문자열 객체 str1과 str2가 같으면
  println("Equal");
}
else {
  println("Not equal");
}
```

- indexOf() : 입력 문자열에서 특정 문자열이 처음 나타나는 번지를 반환한다. 특정 문자열을 찾지 못하면 -1을 반환

```
String str = "abcd";
int p1 = str.indexOf("a"); // 0 반환
int p2 = str.indexOf("d"); // 3 반환
int p3 = str.indexOf("cd"); // 2 반환
println(p1 + ":" + p2 + ":" + p3);  // 콘솔 영역에  0:3:2 출력
```

- length() : 입력 문자열의 문자 길이를 반환

```
String str1 = "abc";
String str2 = "welcome";
println(str1.length() + ":" + str2.length());  // 콘솔 영역에 3:7 출력
```

- substring(i) : 입력 문자열에서 i 번지부터 끝까지의 문자열을 반환
- substring(i, j) : 입력 문자열에서 i 번지부터 j-1 번지까지의 문자열을 반환

```
String str = "abcde";
String s1 = str.substring(2);     // 문자열 "cde" 반환
String s2 = str.substring(0, 2);  // 문자열 "ab"
println(s1 + ":" + s2);  // 콘솔 영역에 cde:ab 출력
```

- toLowerCase() : 모든 문자열을 소문자로 변환

```
String str = "ABcD";
str = str.toLowerCase();
println(str);  // 콘솔 영역에 abcd 출력
```

• toUpperCase() : 모든 문자열을 대문자로 변환

```
String str = "Abcd";
str = str.toUpperCase();
println(str);  // 콘솔 영역에 ABCD 출력
```

문자열 “Moving text”를 객체에 저장하고 이 객체가 창 우측에서 좌측으로 이동하는 스케치는 다음과 같다.

```
String str = "Moving text";
PFont f;
float x;

void setup() {
  size(250,250);
  f = createFont("Arial",16,true);
  x = width;
}

void draw() {
  background(255);
  fill(0);
  textFont(f,16); // 사용할 글꼴 및 크기 지정
  textAlign(LEFT); // 문자열 왼쪽 정렬
  text(str,x,height/2); // 문자열 표시
  x = x - 2;
  float w = textWidth(str); // 문자열 크기 얻음
  if (x < -w) { // 문자열이 창의 왼쪽으로 다 빠져나가면
    x = width;
  }
}
```

문자열 "Rotating text"를 객체에 저장하고 이 객체를 창 중앙에서 회전하는 스케치는 다음과 같다.

```
PFont f;
String str = "Rotating text";
float theta;

void setup() {
  size(250, 250);
  f = createFont("Arial",16,true);
}

void draw() {
  background(255);
  fill(0);
  textFont(f);
  translate(width/2,height/2);
  rotate(theta);
  textAlign(CENTER); // 문자열 중앙이 회전 중심이 됨
  //textAlign(LEFT); // 문자열 왼쪽이 회전 중심이 됨

  text(str,0,0);
  theta += 0.05;
}
```

textAlign(CENTER)

textAlign(LEFT)

연습

9장 연습에서 완성한 스케치에서 텍스트 표시 문자열을 String 객체에 저장하고 사용하도록 스케치를 수정한다. 해당 문자열에 이동이나 회전 기능을 추가해보자.

13

프로세싱과 아두이노의 연동

프로세싱이 오픈소스 소프트웨어인 것처럼 아두이노는 오픈 소스 하드웨어이다. 아두이노를 처음 접하는 사람은 아두이노 관련 서적을 참고하기 바란다. 여기서는 프로세싱과의 연동에 필요한 부분만 설명한다.

13.1 라이브러리(Firmata)를 이용한 아두이노 제어

아두이노는 프로세싱과의 통신을 위한 기본 예제("Examples>Communication")를 제공하며 이 예제는 아두이노와 프로세싱이 서로 통신하는 간단한 프로그램을 작성할 때 유용하게 사용할 수 있다. 프로세싱 프로그램에서 아두이노 보드를 직접 제어하고자 하면 아두이노 라이브러리(Firmata)를 사용하는 것이 좋다. 이 라이브러리는 아두이노 코드를 작성할 필요 없이 프로세싱에서 아두이노 보드를 직접 제어할 수 있게 해준다. 대신 보드에 표준 펌웨어인 Firmata를 업로드 해 라이브러리를 사용해 통신한다. 펌웨어 Firmata는 아두이노 개발 환경에 포함되어 있다. 프로세싱 라이브러리는 메뉴 '도구>추가 도구 생성'을 실행하면 [그림 13.1]의 창이 열린다. 라이브러리 탭을 선택하면 [그림 13.1]과 같은 목록이 보인다. 여기서 Arduino(Firmata)를 선택, 설치한다.

① Arduino(Firmata) 라이브러리 설치

[그림 13.1] 라이브러리 설치 추가 도구 생성 창

② 아두이노 개발환경(IDE)를 실행한 후 [그림 13.2]와 같이 '예제>Firmata>StandardFirmata' 스케치를 열고 이를 아두이노 보드에 업로드 한다.

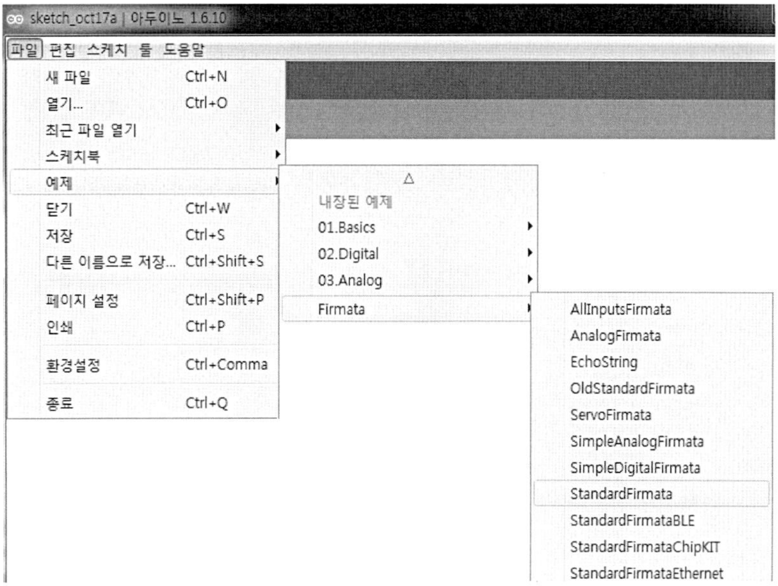

[그림 13.2] StandardFirmata 스케치 열기

③ 프로세싱에서 아두이노 라이브러리와 함께 제공되는 예제 중 하나를 열어 사용해도 되지만 여기서는 아래 프로세싱 코드를 사용한다.

```
import processing.serial.*;
import cc.arduino.*;

// 아두이노 객체 생성
Arduino arduino;
int ledPin = 13; // LED 연결 아두이노 핀 번호

void setup(){
  //println(Arduino.list());
  arduino = new Arduino(this, Arduino.list()[0], 57600);
```

```
  arduino.pinMode(ledPin, Arduino.OUTPUT);
}

void draw(){
  arduino.digitalWrite(ledPin, Arduino.HIGH); // LED 켜기
  delay(1000);
  arduino.digitalWrite(ledPin, Arduino.LOW); // LED 끄기
  delay(1000);
}
```

④ 예제 코드에서 현재 아두이노가 사용 중인 직렬 포트가 선택하도록 수정한다. 아래 코드에서 [0]의 숫자를 변경해야 되는데 다음과 같이 한다.

```
arduino = new Arduino(this, Arduino.list()[0], 57600);
Arduino.list()[?] 배열에서 올바른 숫자를 선택하려면 아래 코드를 프로세싱
에서 실행한다.
import processing.serial.*;
import cc.arduino.*;
println(Arduino.list());
```

실행 결과 [그림 13.3]과 같이 콘솔 영역에 직렬 포트 목록이 표시된다. 두 개의 직렬 포트 COM1과 COM14가 보인다. COM1, COM2는 통상 컴퓨터용으로 COM14에 아두이노가 연결되어 있음을 알 수 있다. 이는 아두이노 개발환경에서 [그림 13.4]와 같이 아두이노 보드가 연결된 포트를 확인할 수 있다. 두 번째 포트인 COM14를 선택해야 하므로 Arduino.list()[1]로 숫자를 변경한다. COM0는 Arduino.list()[0]에 해당한다.

[그림 13.3] 프로세싱 창에 표시된 직렬 포트 목록

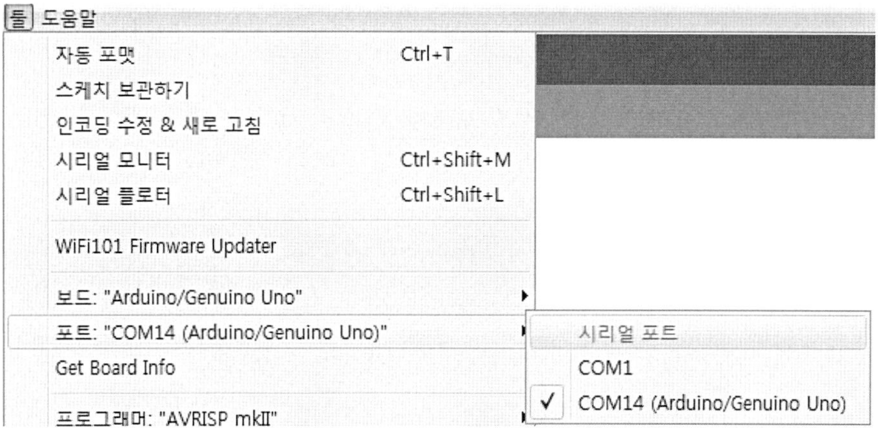

[그림 13.4] 아두이노 개발환경에서 연결된 직렬 포트 확인

⑤ 앞에서 작성한 프로세싱 코드를 실행한다. 아두이노 보드의 13번 핀에 연결된 LED가 1초 간격으로 점멸할 것이다.

프로세싱 아두이노 라이브러리는 Firmata가 설치된 아두이노와 통신하기 위해 다음과 같은 함수들을 제공한다.

- Arduino.list(): 이용 가능한 직렬 장치 목록을 반환한다. 아두이노 보드가 컴퓨터에 연결되어 있을 때 이 함수가 호출되면 해당 직렬 포트 장치가 목록에 나타난다.
- Arduino(parent, name, rate): 아두이노 객체를 생성한다. parent는 this로 적고 name은 직렬 장치 이름(즉 Arduino.list()에서 반환된 이름 가운데 하나), rate는 연결 속도로 통산 57600이다.
- pinMode(pin, mode): 디지털 핀을 입력, 출력 또는 서보 모드로 설정한다(Arduino.INPUT, Arduino.OUTPUT, 또는 Arduino.SERVO).
- digitalRead(pin): 디지털 핀(pin)의 값을 반환한다(Arduino.LOW 또는 Arduino.HIGH). 해당 핀은 입력으로 설정되어 있어야 한다.
- digitalWrite(pin, value): 디지털 핀(pin)에 Arduino.LOW 또는 Arduino.HIGH를 쓴다.
- analogRead(pin): 아날로그 핀(pin)의 입력의 값을 반환한다(0 ~ 1023).

- analogWrite(pin, value): 아날로그 출력을 지원하는 pin(3, 5, 6, 9, 10, 및 11)에 PWM 아날로그 값을 쓴다(0 ~ 255).
- servoWrite(pin, value): pin에 서보 모터에 회전 각도에 해당하는 값(0 ~ 180)을 쓴다.

13.2 직렬 통신을 이용한 데이터 전송

아두이노에서 수집한 데이터(바이트)를 프로세싱에 전송하여 그래프를 그리는 방법을 설명한다. 이는 실제 USB 케이블을 사용하는 것이지만(시리얼에서 USB로 다시 USB에서 시리얼 컨버터로) 컴퓨터와 아두이노 보드가 직렬 포트로 연결되어 있어서 직렬 통신이라 부른다. 아두이노에서 전송되는 데이터를 보려면 아두이노 개발환경의 직렬 모니터를 사용하면 된다.

[그림 13.5]의 회로와 같이 가변저항 양 끝 다리를 5 V와 GND에 연결하고 가운데 다리를 아두이노 보드 아날로그 0번 핀에 연결한다. 가변저항을 돌려가면서 저항 변화에 따라 변화하는 전압을 수집하고 이 데이터를 직렬 포트로 전송하는 아두이노 코드를 다음과 같이 작성한 후 보드에 업로드 한다.

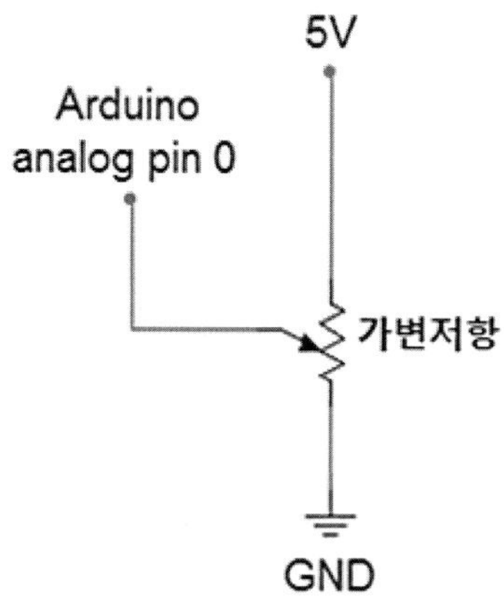

[그림 13.5] 가변저항 전압 측정 회로

```
/**** 아두이노 코드 ****/
// 코드 출처:  http://www.arduino.cc/en/Tutorial/Graph

void setup(){
  // 직렬 통신 속도 초기화
  Serial.begin(9600);
}

void loop(){
  // 아날로그 0번 핀의 값을 읽어 전송
  Serial.println(analogRead(A0)); // 줄 바꿈 문자를 출력
  // AD(아날로그에서 디지털로) 변환 안정화를 위한 시간 지연
  delay(2);
}
```

다음과 같이 프로세싱 코드를 작성한다.

```
/**** 프로세싱에서 그래프 그리기 ****/
import processing.serial.*;

Serial myPort;        // 직렬 포트 객체 생성
int xPos = 1;         // 그래프의 수평축 시작 위치
float inByte = 0;

void setup () {
  // 프로세싱 창 크기 설정
  size(400, 300);
  // 이용 가능한 직렬 포트 출력
  println(Serial.list());
  // 아두이노 보드가 연결된 포트에 해당하는 숫자 입력
  myPort = new Serial(this, Serial.list()[0], 9600);
  // 줄 바꿈 문자가 수신될 때까지 serialEvent() 함수 호출하지 않음
  myPort.bufferUntil('\n');
  // 창의 배경 색(흰색)으로 지정
```

```
  background(255);
}

void draw () {
  // 선의 RGB 색 설정
  stroke(127, 34, 255);
  // 1 픽셀 크기로 선 그리기
  line(xPos, height - inByte -1, xPos, height - inByte);

  // 창 왼쪽부터 그리기 시작하여 우측 끝에 도달하면 다시 왼쪽부터 그림
  if (xPos >= width) {
    xPos = 0;
    background(255); // 화면 지움
  } else {
    // 수평 위치 증가
    xPos++;
  }
}

void serialEvent (Serial myPort) {
  // 줄 바꿈 문자까지의 아스키 문자열 얻어오기
  String inString = myPort.readStringUntil('\n');

  if (inString != null) // 받은 문자열이 널이 아니면
  {
    // 문자열에서 빈 공란 제거
    inString = trim(inString);
    // 문자열을 실수로 변환
    inByte = float(inString);
    println(inByte); // 프로세싱 콘솔 영역에 출력
    // inByte 변수의 값(0 ~ 1023)을 프로세싱 창의 높이(0 ~ height)로 변환
    // 아두이노는 가변저항에 걸린 전압 0 ~ 5 V를 0 ~ 1023으로 읽음
    inByte = map(inByte, 0, 1023, 0, height);
  }
}
```

위의 프로세싱 코드를 실행하고 [그림 13.5]의 가변저항을 돌리면 [그림 13.6]과 같이 그래프가 그려진다.

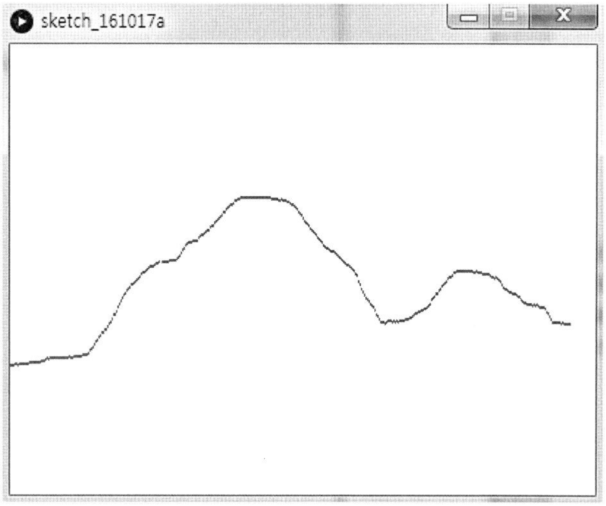

[그림 13.6] 프로세싱 창의 출력 그래프

연습

아두이노에서 수집한 데이터를 프로세싱 창에 그래프로 표시하는 마지막 스케치를 Firmata 라이브러리를 사용하는 스케치로 수정한다.

14

안드로이드 앱

안드로이드용 프로세싱(Processing for Android)의 핵심 요소는 안드로이드 장치나 에뮬레이터에서 프로세싱 스케치를 동작하는데 필요한 모든 옵션을 포함하고 있는 프로세싱 개발환경의 안드로이드 모드이다. 이 프로그래밍 모드는 라이브 월페이퍼(wallpaper), 워치페이스(watch face: 스마트 워치 화면) 및 가상현실(VR)을 포함하는 안드로이드 앱을 만들 수 있게 해준다. 스마트폰, 태블릿, 스마트 워치와 같은 안드로이드 장치(디바이스)에서 프로세싱 스케치를 거의 변경 없이 동작시킬 수 있고 SDK 파일 설치, 프로젝트 폴더 생성이나 레이아웃 파일 편집과 같은 작업에 신경 쓸 필요가 없다. 안드로이드 SDK를 이용해서 센서 데이터를 얻고 다른 고급 특징을 사용할 수 있다. 또한 프로세싱 스케치를 구글 플레이 스토어에 업로드할 패키지로 내보내기 할 수 있다(export signed application package). 여기서는 안드로이드용 프로세싱 사이트(http://android.processing.org/index.html)에 소개된 사용법을 소개한다. 이 사이트에는 그 외에도 자바스크립트(p5.js) 및 파이썬(Processing.py) 모드, 갤러리와 포럼 등의 자료가 있다.

14.1 스케치 작성 및 실행하기

1) 설치하기

프로세싱 개발환경에서 [그림 14.1]과 같이 '모드 추가'를 클릭하면 [그림 14.2]의 CM (Contribution Manager) 창이 열린다. 'Android Mode'를 선택하고 창 하단에 있는 설치(Install) 버튼을 클릭한다.

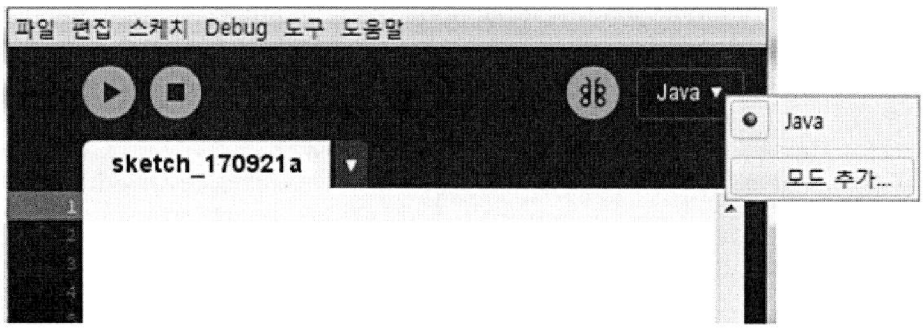

[그림 14.1] 모드 추가

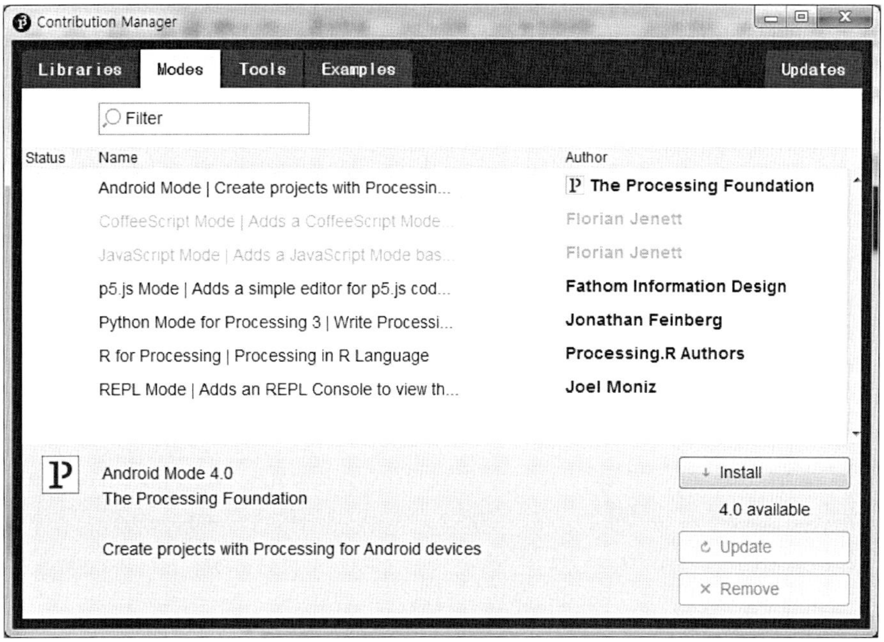

[그림 14.2] 모드 추가를 위한 CM 창

설치가 끝나면 프로세싱 개발환경에 아래처럼 모드 선택기에 Android 모드가 추가된다.

'Android'를 클릭하면 [그림 14.3]의 창이 열린다. 안드로이드 SDK가 이미 설치되어 있다면 'Locate SDK path manually'를 클릭, SDK가 설치된 경로를 지정한다. 설치되어 있지 않으면 'Download SDK automatically'를 클릭, 다운로드 받는다.

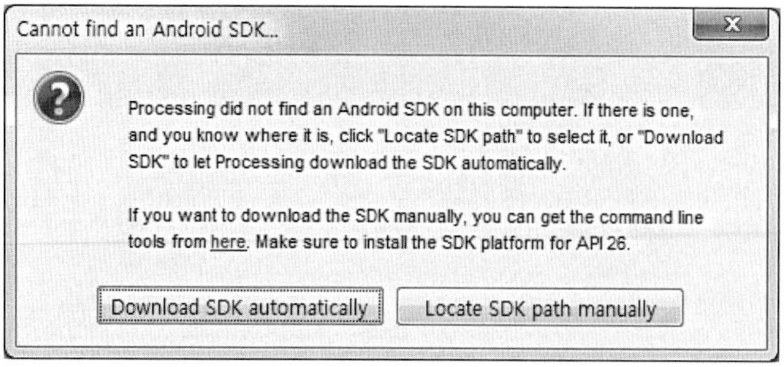

[그림 14.3] 안드로이드 SDK 설치 창

다운로드 버튼을 클릭하면 다운로드가 진행되고 설치가 끝나면 [그림 14.4]의 창이 열린다. 구글 넥서스 폰을 연결하려면 구글 USB 드라이버가 필요한데 SDK를 자동으로 설치했으면 최신 USB 드라이버가 문서 ▸ Processing ▸ android ▸ sdk ▸ extras ▸ google ▸ usb_driver 에 설치된다. 삼성이나 엘지 안드로이드 폰의 경우 삼성전자, LG전자의 모바일 다운로드 사이트에서 통합 USB 드라이버를 다운받아 설치한다.

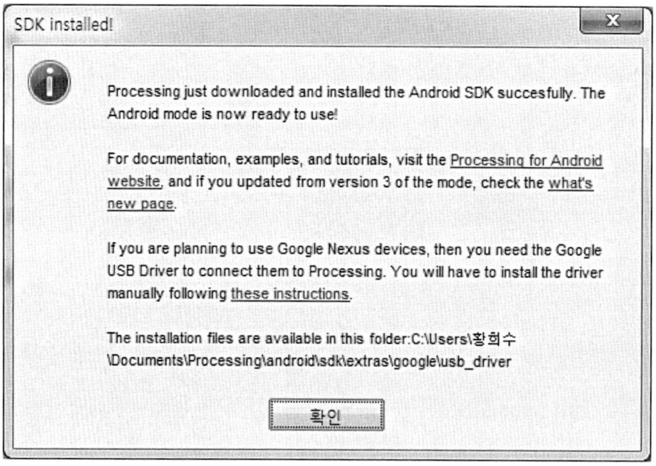

[그림 14.4] SDK 설치 완료

SDK는 Android 8.0 (API 레벨 26) 또는 그 이상이어야 한다. 프로세싱에서 SDK를 자동으로 설치하면 프로세싱 mode 폴더에 저장되어 컴퓨터에 기 설치된 SDK가 있다면 그

것과 구분된다. SDK와 USB 드라이버를 설치한 후 스마트 폰을 컴퓨터에 연결하면 [그림 14.5], [그림 14.6]과 같이 프로세싱 개발환경의 메뉴 'Android>Devices'에서 해당 장치가 보인다.

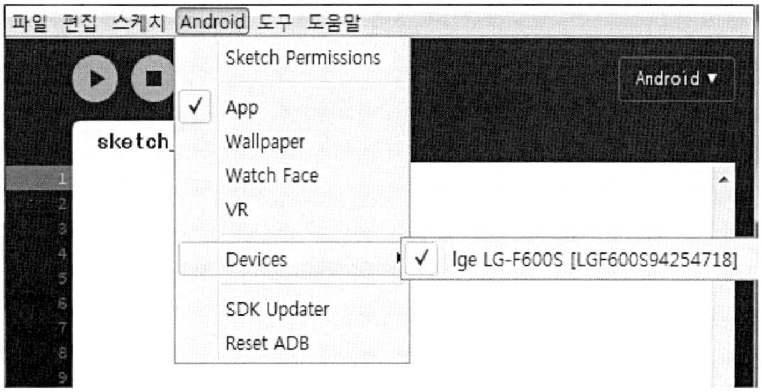

[그림 14.5] 엘지 디바이스 인식

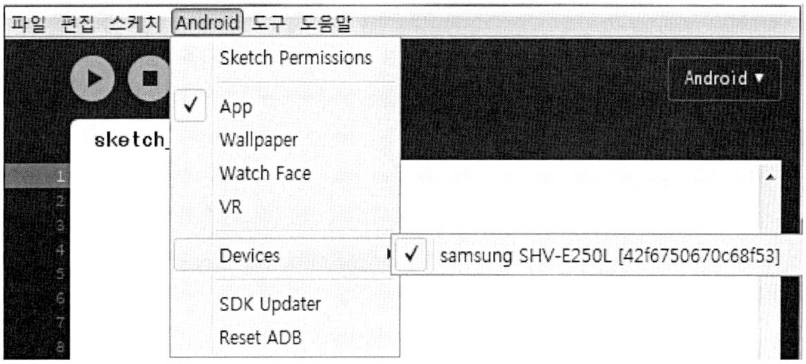

[그림 14.6] 삼성 디바이스 인식

2) 간단한 스케치 작성하기

안드로이드 스마트 폰이나 태블릿에서 동작하는 간단한 스케치를 작성해본다. 이 스케치는 손으로 누른 쪽의 화면 반을 검정색으로 칠한다. 이 스케치는 안드로이드에 특별한 것이 없어서 자바 모드에서도 동작한다. 특정한 플랫폼이나 특징에 의존하지 않는 프로세싱 스케치의 경우 자바 모드 및 안드로이드 모드 모두에서 동작하는 호환성을 갖는다. 이런 호환성은 자바 모드에서 시험만으로 동작 여부를 확인할 수 있어 매우 유용한데, 이는 자바 모드가 코드 오류(버그)를 보다 쉽게 찾게 도와주는 통합 디버거를 갖고 있기 때문이다.

```
void setup() {
  fullScreen();
  noStroke();
  fill(0);
}

void draw() {
  background(204);
  if (mousePressed) {
    if (mouseX < width/2) {
      rect(0, 0, width/2, height);
    }
    else {
      rect(width/2, 0, width/2, height);
    }
  }
}
```

3) 스마트 폰에서 스케치 실행하기

메뉴 '스케치>Run on Device'를 실행하거나 툴바에서 실행 버튼(Run on Device, 

)을 클릭한다. 이 때 장치(스마트 폰)에서 'USB 디버깅'이 활성화 되어 있어야 한다. 활성화 하는 방법은 장치 및 설치된 OS 버전에 따라 다르다. 대개의 경우 이 설정은 스마트 폰의 '시스템 설정(System Setting)>개발자 옵션(Developer Options)' 밑에 있다. 안드로이드 4.2 및 그 이상에서는 개발자 옵션이 기본으로 숨겨져 있다. '디바이스 정보'에서 '빌드 번호'를 손으로 톡톡 친다. 개발자 옵션 메시지가 보일 때까지 두드린다. 스마트 폰에서 실행한 결과는 [그림 14.7]과 같다. 손가락을 화면에 대면 손을 댄 화면 반이 검은색으로 보인다.

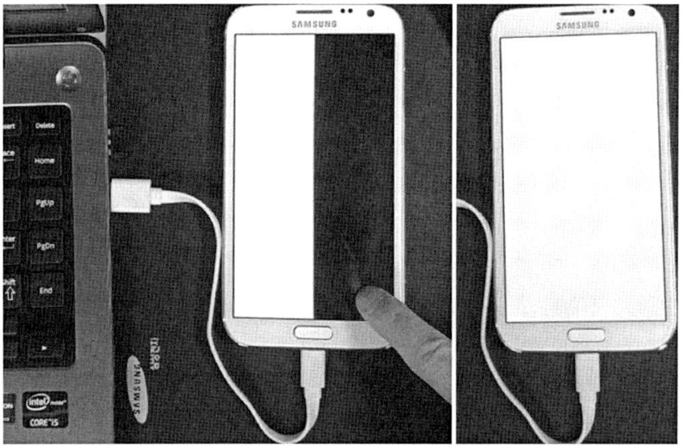

[그림 14.7] 안드로이드 폰에서 실행한 화면

4) 에뮬레이터에서 스케치 실행

스케치를 실행하기 위해 스마트 폰이 있어야 하는 것은 아니다. 소프트웨어 에뮬레이터(emulator)로 이를 대신할 수 있다. 메뉴 '스케치>Run in Emultor'를 클릭, 에뮬레이터에서 스케치를 실행한다. 프로세싱은 [그림 14.8]처럼 에뮬레이터 작동에 필요한 시스템 이미지의 다운로드를 요청한다. 예(Yes)를 클릭하면 [그림 14.9]의 창이 열려 시스템 이미지를 선택하도록 한다. 'ARM image'를 선택하면 별도의 설정 없이 모든 컴퓨터에서 사용할 수 있지만 느린 단점이 있다. 'x86 image'를 선택하면 빠르지만 인텔 CPU만 호환되며 추가로 인텔 하드웨어 가속 관리자인 HAXM을 설치해야 한다([그림 14.10]).

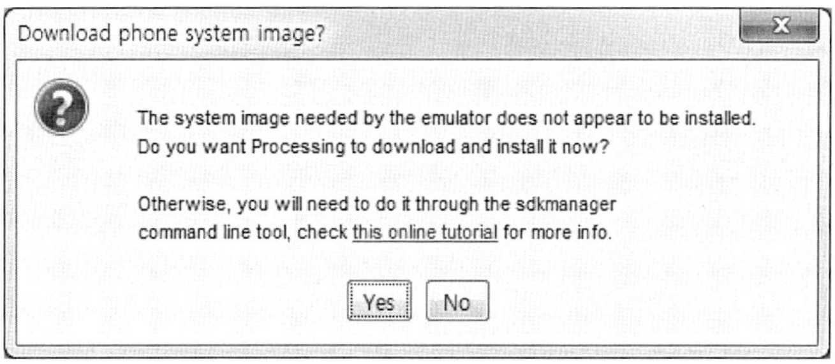

[그림 14.8] 폰 시스템 이미지 다운로드 창

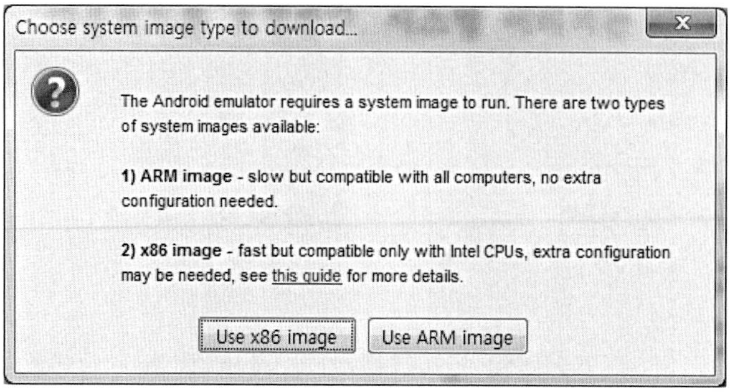

[그림 14.9] 시스템 이미지 선택 창

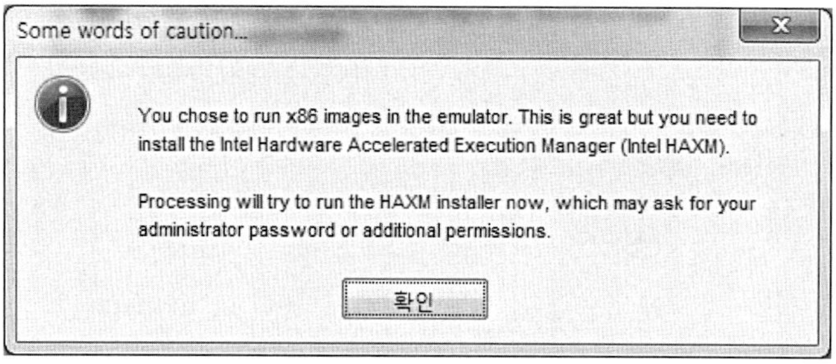

[그림 14.10] HAXM 설치 창

시스템 이미지는 대략 1GB 크기로 인터넷 연결에 따라 몇 분이 걸릴 수 있다. 다운로드 후 프로세싱은 에뮬레이터를 구동하고 거기서 스케치를 시작한다. [그림 14.11]은 에뮬레이터에서 실행된 결과이다. 스케치를 시험한 후 에뮬레이터를 닫지 않으면 다음 스케치 실행을 위한 에뮬레이터 구동 시간을 줄일 수 있다. 시험하는 스케치에 따라 에뮬레이터는 독립된 창과 같은 형태로 보이게 된다.

[그림 14.11] 에뮬레이터에서 실행

14.2 센서 사용

프로세싱에서 안드로이드 장치(디바이스)의 센서 데이터를 읽기 위한 기초적인 내용을 소개한다. 스마트 폰과 태블릿 같은 장치는 가속도계, 자이로스코프, 자력계, 온도계와 같은 다수의 센서를 갖고 있다. 이 센서를 이용해 움직임, 환경 및 장치의 위치에 대한 정보를 얻는다. 프로세싱은 이들 센서에서 데이터를 읽기 위한 전용 함수를 갖고 있지 않아서 스케치에 센서 측정 신호를 받으려면 안드로이드 SDK에 있는 패키지를 불러오거나(import) 안드로이드 모드에서 장치의 각종 센서를 사용할 수 있게 해주는 Ketai 라이브러리를 불러와야 한다.

1) 안드로이드 SDK 패키지 사용

안드로이드 SDK에 있는 패키지를 불러와 장치의 센서 측정 신호를 얻는 방법에 대해 설명한다.

(1) 센서 관리자 생성

가속도계 데이터를 사용해서 가속도 변화에 반응하는 스케치를 만들어 보자. 센서 API를 사용하기 위해 먼저 스케치를 포함하는 액티비티(activity) 콘텍스트(context)를 얻고 이 콘텍스트로부터 센서 관리자(manager)를 얻는다. 그리고 스케치에서 우리가 필요로 하는 가속도 센서를 초기화 한다. 이는 setup()에서 이루어진다.

- 콘텍스트(context) : 안드로이드 시스템과의 연결 통로인 동시에 어플리케이션 리소스에 접근할 수 있는 통로.
- 액티비티(activity) : 콘텍스트를 상속받아 구현하는 컴포넌트 중 하나.

```
import android.content.Context;
import android.hardware.Sensor;
import android.hardware.SensorManager;
```

```
Context context;
SensorManager manager;
Sensor sensor;

void setup() {
  fullScreen();

  context = getActivity();
  manager = (SensorManager)context.getSystemService(Context.SENSOR_SERVICE);
  sensor = manager.getDefaultSensor(Sensor.TYPE_ACCELEROMETER);
}

void draw() {
}
```

(2) 센서 리스너 추가

사용할 가속도 센서에서 새로운 데이터를 이용할 수 있는지를 알려주는 가속도 센서 리스너(listener) 클래스를 추가한다. 각 센서별 리스너는 안드로이드 SDK에 있는 베이스 SensorEventListener 클래스로부터 유도된다. 스케치에서 리스너 인스턴스를 갖게 되면 리스너를 manager와 함께 등록할 수 있다.

```
import android.content.Context;
import android.hardware.Sensor;
import android.hardware.SensorManager;
import android.hardware.SensorEvent;
import android.hardware.SensorEventListener;

Context context;
SensorManager manager;
Sensor sensor;
AccelerometerListener listener;
```

```
void setup() {
  fullScreen();

  context = getActivity();
  manager = (SensorManager)context.getSystemService(Context.SENSOR_SERVICE);
  sensor = manager.getDefaultSensor(Sensor.TYPE_ACCELEROMETER);
  listener = new AccelerometerListener();
  manager.registerListener(listener, sensor, SensorManager.SENSOR_DELAY_GAME);
}

void draw() {
}

class AccelerometerListener implements SensorEventListener {
  public void onSensorChanged(SensorEvent event) {
  }
  public void onAccuracyChanged(Sensor sensor, int accuracy) {
  }
}
```

리스너 등록에서 SensorManager.SENSOR_DELAY_GAME 매개변수를 주목하자. 이 매개변수는 센서 데이터의 갱신(업데이트) 속도를 설정한다. 빠르게 하면 더 빨리 반응하지만 배터리 소모도 커진다. 사전에 정의된 속도 상수로 SENSOR_DELAY_GAME, SENSOR_DELAY_FASTEST, SENSOR_DELAY_NORMAL 및 SENSOR_DELAY_UI가 있다.

(3) 센서 데이터 읽기

이벤트 리스너는 두 개의 메서드 onSensorChanged()와 onAccuracyChanged()를 갖는다. 센서 데이터를 얻고자 할 때는 onSensorChanged()만 사용한다. 가속도계의 경우 데이터는 x, y 및 z 축 방향의 가속도를 나타내는 3개의 실수로 구성된다([그림 4.12]).

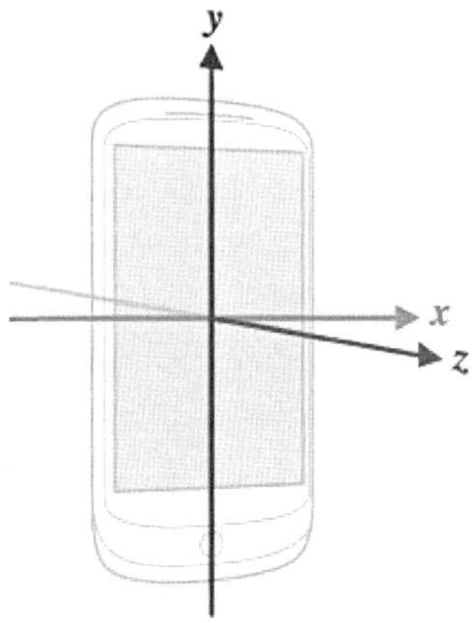

[그림 4.12] 가속도계 3축 방향

화면에 이들 3축 가속도 값을 표시하는 스케치를 작성한다. 스마트 폰의 화면이 위로 오도록 탁자 위에 스마트 폰을 놓는다. z축 가속도가 중력가속도인 9.81 m/s^2 인지 확인한다. 폰트 크기를 변경하기 위해 안드로이드 SDK에 있는 DisplayMetrics.density로부터 얻는 displayDensity 인수를 사용했다. 이 인수는 160dpi 화면 해상도이면 1이고 화면 해상도(dpi)에 비례해서 화면 표시 문자의 크기를 조절할 수 있게 해준다. 이 스케치를 에뮬레이터에서 실행한 결과가 [그림 4.13]이다. 에뮬레이터는 센서가 없기 때문에 시험이 안 되지만 중력가속도는 스마트 폰을 똑바로 세운 형태로 y축에 표시된다.

```
import android.content.Context;
import android.hardware.Sensor;
import android.hardware.SensorManager;
import android.hardware.SensorEvent;
import android.hardware.SensorEventListener;

Context context;
SensorManager manager;
Sensor sensor;
AccelerometerListener listener;
float ax, ay, az;
```

```
void setup() {
  fullScreen();
  context = getActivity();
  manager = (SensorManager)context.getSystemService(Context.SENSOR_SERVICE);
  sensor = manager.getDefaultSensor(Sensor.TYPE_ACCELEROMETER);
  listener = new AccelerometerListener();
  manager.registerListener(listener, sensor, SensorManager.SENSOR_DELAY_GAME);
  textFont(createFont("SansSerif", 30 * displayDensity));
}

void draw() {
  background(0);
  text("X: " + ax + "\nY: " + ay + "\nZ: " + az, 0, 0, width, height);
}

class AccelerometerListener implements SensorEventListener {
  public void onSensorChanged(SensorEvent event) {
    ax = event.values[0];
    ay = event.values[1];
    az = event.values[2];
  }
  public void onAccuracyChanged(Sensor sensor, int accuracy) {
  }
}

public void onResume() {
  super.onResume();
  if (manager != null) {
   manager.registerListener(listener, sensor, SensorManager.SENSOR_DELAY_GAME);
  }
}

public void onPause() {
  super.onPause();
  if (manager != null) {
    manager.unregisterListener(listener);
  }
}
```

[그림 4.13] 결과

배터리 사용을 줄이기 위해 스케치의 액티비티를 멈출 때는 리스너의 등록을 해지하고 다시 액티비티가 개시되면 등록하는 것이 센서를 사용할 때 최선의 방법이다. 이를 위해서 스케치에 onPause() 및 onResume()이 추가된다. 스케치에서 setup() 함수 이전에 onPause() 또는 onResume()이 호출될 수 있기 때문에 널 관리자 인스턴스(null manager instance)를 검사해야 한다.

2) Ketai 라이브러리 사용

개발환경의 CM 창의 라이브러리 목록에서 Ketai 라이브러리를 설치한다([그림 14.14]). 안드로이드 장치에서 사용할 수 있는 센서를 확인하고 싶으면 안드로이드 모드에서 다음 스케치를 실행한다. 스케치는 Ketai 센서 패키지를 불러오고 KetaiSensor 유형의 sensor 객체를 만든 후 콘솔 영역에 센서 목록을 표시한다. 목록에는 각 센서, 그 유형 및 id에 대한 하드웨어 정보를 포함한다.

```
import ketai.sensors.*;
KetaiSensor sensor;
sensor = new KetaiSensor(this);
println(sensor.list());
```

[그림 14.14] Ketai 라이브러리 설치

Ketai 라이브러리가 제공하는 클래스와 함수(메서드)를 사용해 장치와 상호작용 하는 스케치를 만들 때 다음과 같은 양식의 코드를 사용한다.

```
import ketai.sensors.*; // Ketai 센서 라이브러리 패키지를 불러옴
KetaiSensor sensor; // 센서 객체 선언
void setup(){
  sensor = new KetaiSensor(this); // 센서 객체 초기화
  sensor.start(); // 센서(여기서는 가속도 센서) 이벤트 리스닝 시작
}
void draw(){
}
```

```
// 가속도 센서 값이 변경될 때마다 실행
void onAccelerometerEvent(float x, float y, float z){
}
```

센서 값은 draw() 함수와 다른 속도로 변경된다. draw() 함수가 최대 초당 60회 실행되지만 가속도 센서 값은 더 빨리 변한다. 가속도 센서에서 새로운 값을 받을 때마다 onAccelerometerEvent()이 실행된다.

가속도 센서 값을 장치 화면에 표시하는 스케치를 보자. 장치 화면을 세로로 길게 고정하기 위해 setup()에서 orientation(PORTRAIT)로 지정한다. 가속도 값을 표시하는데 text() 함수를 사용하며 textAlign()으로 텍스트를 정렬하고, textSize()로 텍스트의 크기를 지정한다. text() 함수에서 가속도 변수 accelerometerX, accelerometerY, accelerometerZ의 값을 출력하기 위해 +로 변수들을 결합해 사용한다. nfp(accelerometerX,2,3)는 accelerometerX 값을 실수 2자리, 소수점 이하 3자리의 수로 만들어 반환한다.

```
import ketai.sensors.*;
KetaiSensor sensor;
float accelerometerX, accelerometerY, accelerometerZ;
void setup(){
  sensor = new KetaiSensor(this);
  sensor.start();
  orientation(PORTRAIT);
  textAlign(CENTER, CENTER);
  textSize(36);
}

void draw(){
  background(78, 93, 75);
  text("Accelerometer: \n" + "x: " + nfp(accelerometerX,2,3)
  + "\n" + "y: " + nfp(accelerometerY,2,3) + "\n" + "z: "
  + nfp(accelerometerZ,2,3),width/2,height/2);
}
```

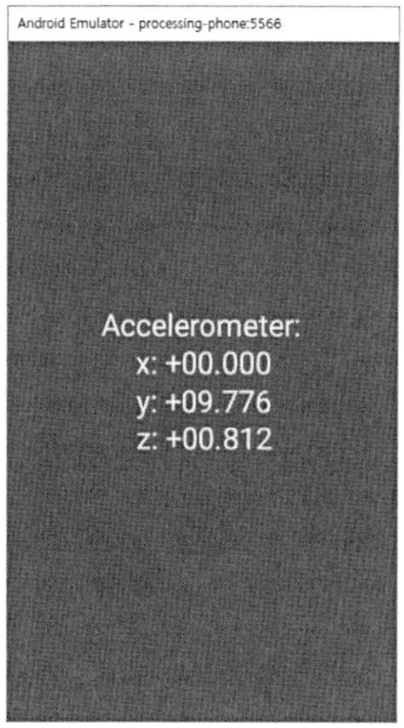

```
void onAccelerometerEvent(float x, float y, float z){
  accelerometerX = x;
  accelerometerY = y;
  accelerometerZ = z;
}
```

14.3 앱 배포

프로세싱 스케치를 구글 플레이 스토어에 앱으로 배포하는 과정에 대해 알아본다. 배포용 앱을 패키징하기 전에 앱(app), 월페이퍼(wallpaper) 또는 워치페이스(watch face)를 위한 아이콘 설정을 해야 한다. 이를 하지 않으면 프로세싱은 기본 아이콘을 사용한다. 스토어에서 내가 만든 앱이 식별되도록 고유한 패키지 이름을 선택하는 것도 매우 중요하다.

1) 아이콘 만들기

안드로이드 모드는 앱 용도로 디폴트 시작 아이콘을 사용한다. 배포용 앱의 아이콘으로 사용하기 위해 .PNG 형식의 아이콘 파일(36, 48, 72, 144 및 192)을 만들고 내보내기(export signed package) 전에 이를 스케치 폴더에 둔다. 구글의 아이콘 제작용 설계 안내서를 참조한다. 워치페이스를 만든다면 preview_circular.png 및 preview_rectangular.png 파일도 필요한데 이는 안드로이드 스마트 폰이나 스마트 워치의 워치 페이스 화면 미리보기에 사용된다. 이 아이콘의 해상도는 사각형 미리보기는 280*280이고 원형 미리보기는 320*320이다.

2) 버전 및 패키지 이름 짓기

패키지 이름은 "com.company.appname"와 같은 문자열로 자바 패키지 작명 관례를 따른다. 여기서 앱의 이름은 마지막에 있는 문자열(appname)이고 그 앞에는 앱을 개발한 회사나 개인이 역순으로 표시된 문자열(com.company)이 온다. 프로세싱은 자동으로 스케치 이름에 processing.test를 앞에 붙여 패키지 이름을 만든다. 프로세싱이 개발환경으로부터 한 번 실행된 후(장치 또는 에뮬레이터에서 실행) 스케치 폴더에 만드는 메니페스트 파일(AndroidManifest.xml)을 수정하면 자신의 패키지 이름을 만들 수 있다. 버전 코드 및 버전 이름도 만들 수 있다. 예로, 다음의 메니페스트 파일에서 패키지 이름은 com.company.sketch, 버전 코드는 1, 버전 이름은 0.5.4이다. 패키지 이름은 구글 플레이 스토어에 동일한 이름의 앱이 없도록 고유해야 한다.

- 메니페스트 파일 : 응용 프로그램의 구성과 관련된 모든 정보를 담고 있는 파일로, 응용 프로그램의 이름, 버전 정보, 구성요소, 실행에 필요한 사용 권한, 실행 방식 등 다양한 정보를 포함한다.

```
<?xml version="1.0" encoding="UTF-8"?>
<manifest xmlns:android="http://schemas.android.com/apk/res/android"
        android:versionCode="10"
        android:versionName="0.5.4" package="com.company.sketch">
    <uses-sdk android:minSdkVersion="16" android:targetSdkVersion="26"/>
    <application android:icon="@drawable/icon" android:label="">
        <activity android:name=".MainActivity"
                android:theme="@style/Theme.AppCompat.Light.NoActionBar.FullScreen">
            <intent-filter>
                <action android:name="android.intent.action.MAIN"/>
                <category android:name="android.intent.category.LAUNCHER"/>
            </intent-filter>
        </activity>
    </application>
</manifest>
```

3) 사인된 패키지 만들기

안드로이드 모드는 앱 스케치의 출간을 간결하게 만들어 주기 때문에 개발자는 추가적인 과정 없이 구글 플레이 개발자 콘솔(Google Play Developer Console)에 앱을 업로드 할 수 있다. 개발자는 프로세싱 개발환경의 메뉴 '파일(File)>Export Signed Package'를 클릭한다([그림 4.15]). [그림 4.16]의 오류 창이 뜨면 스케치 폴더의 AndroidManifest.xml에서 package=부분에 패키지 이름을 넣는다. 위에서 설명에 사용한 예를 보면 package="com.company.sketch"와 같이 한다. [그림 4.17]의 오류 창이 뜨면 앱 아이콘을 만들고 관련 파일 모두를 [그림 4.18]과 같이 스케치 폴더에 복사한다.

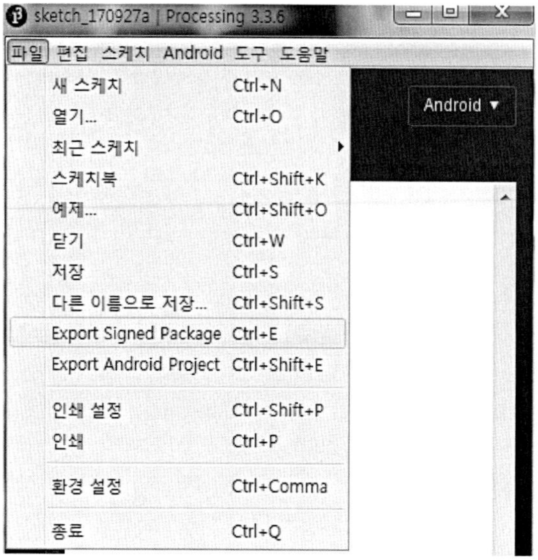

[그림 4.15] 내보내기

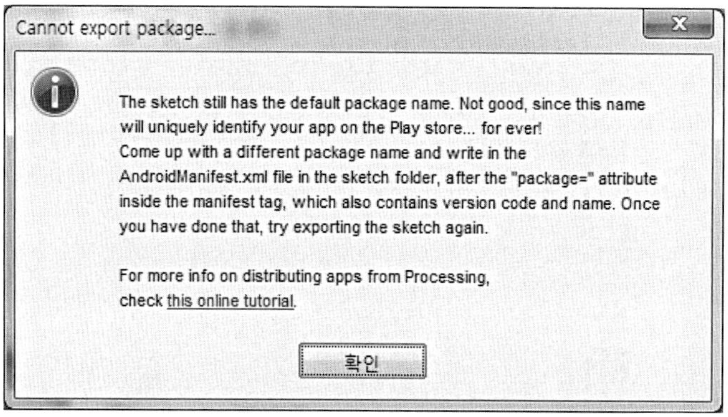

[그림 4.16] 패키지 이름 오류

[그림 4.17] 앱 아이콘 오류

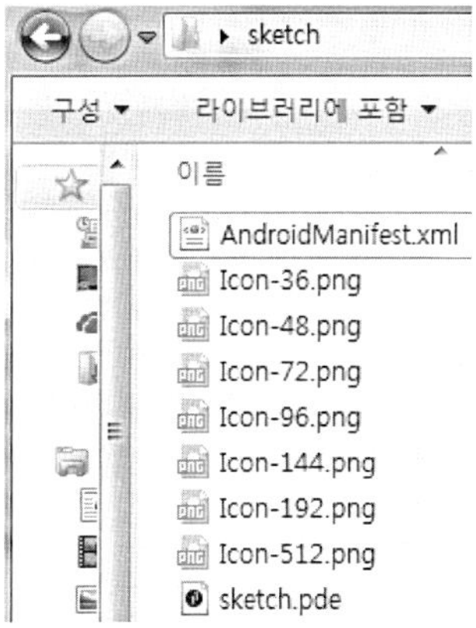

[그림 4.18] 앱 아이콘

다시 내보내기 버튼을 클릭한다. 프로세싱은 앱 패키지 사인을 위한 배포 키(release key)를 저장하는 새로운 키스토어(keystore)를 만들도록 요청한다([그림 4.19]). 여기 비밀번호를 기억해야 한다. 새롭게 만든 사인된 패키지의 내보내기에 이를 사용해야 한다. 물론 리셋하고 새로운 키를 만들 수 있다. 사인된 패키지는 스케치 폴더 안의 build 하위 폴더에 [소문자의 스케치 이름]_release_signed_aligned.apk로 저장된다([그림 4.20]). 이 파일이 생성되었으면 남은 배포 과정은 구글에 따른다.

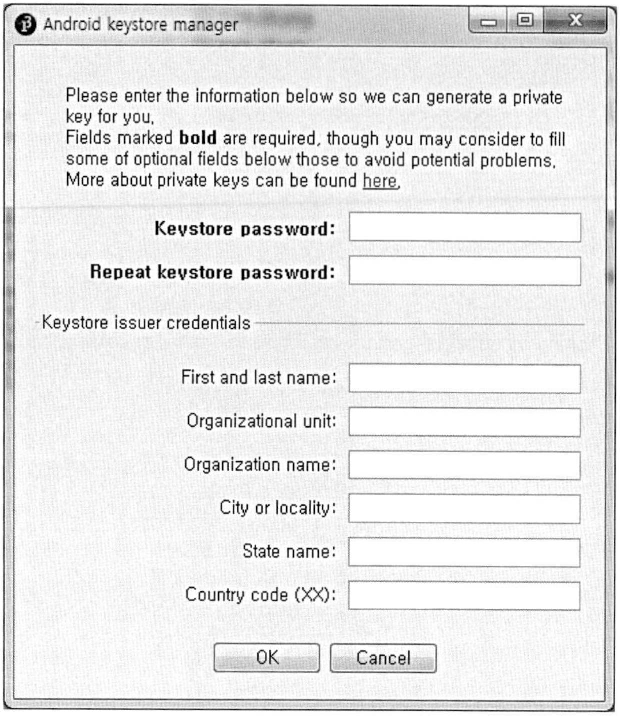

[그림 4.19] 키스토어 관리자

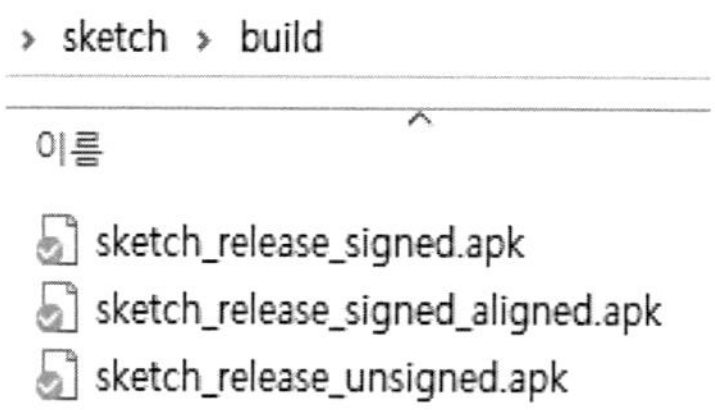

[그림 4.20] 사인된 패키지

14.4 가상현실(VR: Virtual Reality)

구글 VR 플랫폼은 스마트 폰을 사용해 가상현실로 들어갈 수 있게 해준다. 안드로이드 모드는 구글 카드보드(Google Cardboard)와 데이드림(Daydream)을 지원해서 스테레오 모드에서 카드보드 앱으로 스마트 폰에서 동작하고 머리 움직임에 반응하는 3D 스케치를 작성할 수 있게 해준다. 프로세싱에서 3D를 시작하려면 다음 요구사항을 확인한다.

1) 요구사항

카드보드와 함께 VR을 사용하려면 안드로이드 4.1 이상, 머리 추척을 위한 자이로스코프와 카드보드 뷰어를 갖는 스마트 폰이야 한다. 뷰어가 없으면 스케치를 모노스코픽(monoscopic, 평면) 모드에서 실행한다. 데이드림의 경우 뷰어 헤드셋과 데이드림 호환 폰이 필요하다. 안드로이드 모드의 4.0-베타3 또는 그 이상의 버전을 사용하면 VR 앱을 만드는데 필요한 모든 부가적인 패키지가 모드 안에 통합되어 있어서 추가적인 요구사항은 없다. 모드의 옛 버전을 사용하고 있다면 프로세싱의 cardboard 라이브러리를 별도로 설치해야 한다. 이 라이브러리는 CM 메니저에서 사용할 수 없기 때문에 수동으로 설치해야 한다. 최신 라이브러리 zip 패키지를 다운받아 압축을 풀어 프로세싱 스케치 폴더 아래에 있는 library 폴더 안에 cardboard 폴더를 복사한 후 프로세싱을 다시 시작한다.

2) 시작하기

VR 앱용 스케치를 만들려면 메뉴 안드로이드(Android)에서 VR을 선택한다([그림 4.21]).

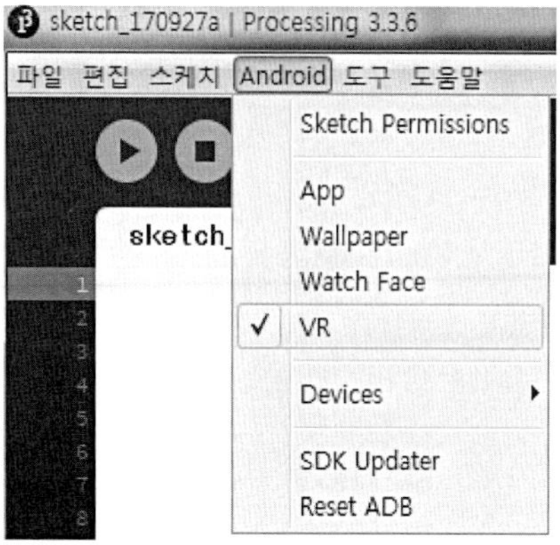

[그림 4.21] VR 선택

VR용 기본 스케치인 아래 코드는 빈 스테레오 뷰를 제공한다([그림 4.22]).

```
// 출처: android.processing.org/tutorials/vr_intro/index.html
import processing.vr.*;

void setup() {
  fullScreen(STEREO);
}

void draw() {
}
```

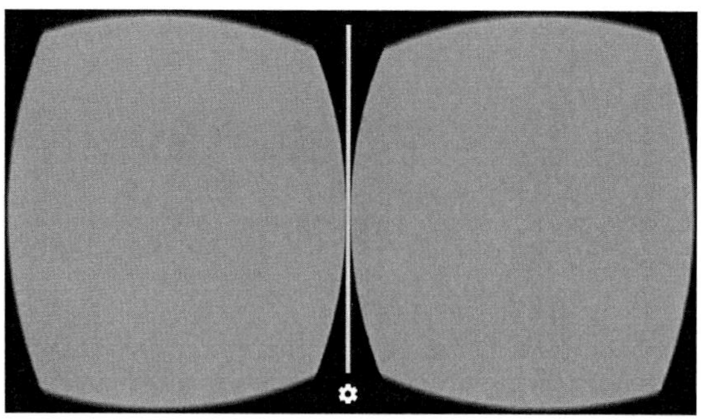

[그림 4.22] 스테레오 뷰

스테레오 렌더러는 매 프레임을 두 눈을 위해 한 번씩 두 번 그린다. 아래 코드와 같이 VR 렌더러에서 eyeType 변수를 사용해 어떤 눈을 위한 그리기가 실행되는지(draw() 함수 호출) 알 수 있다. 아래 코드 실행 결과는 [그림 4.23]이다.

```
// 출처: android.processing.org/tutorials/vr_intro/index.html
import processing.vr.*;

void setup() {
  fullScreen(STEREO);
}

void draw() {
  PGraphicsVR pvr = (PGraphicsVR)g;
  if (pvr.eyeType == PVR.LEFT) {
    background(200, 50, 50);
  } else if (pvr.eyeType == PVR.RIGHT) {
    background(50, 50, 200);
  } else if (pvr.eyeType == PVR.MONOCULAR) {
    background(50, 200, 50);
  }
}
```

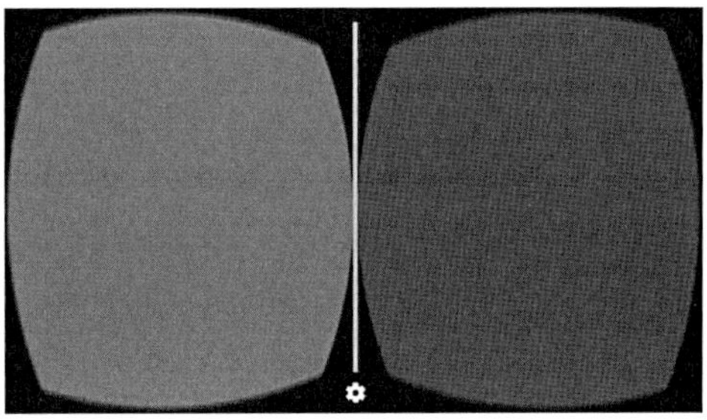

[그림 4.23] 좌우 눈에 따른 그리기

스테레오 대신 모노 렌더러를 사용하면 eyeType은 MONOSCOPIC이다. 이 렌더러로는 프레임이 한 번 그려질 뿐 카메라가 폰의 움직임에 반응하는 것은 동일하다. 장면에 3D 오브젝트를 추가할 때 특별한 것은 없고 P3D 렌더러로 3차원 형상을 그릴 때 사용하는 함수를 그대로 사용한다. 아래 스케치와 같이 질감, 빛 및 그림자 효과를 추가할 수 있다. 전체 코드는 다음 사이트에 있다.

- https://github.com/codeanticode/processing-android-tutorials/tree/master/vr/ex1_toon_stereo.

다음 스케치에서 장면이 눈의 정중앙에 위치하도록 translate(width/2, height/2)를 사용하였다. 프로세싱의 기본 원점이 화면 상단 왼쪽 모서리로 설정되어 있고 이것이 2차원 그리기에는 편리하지만 가상현실의 경우에는 그렇지 않아서 원점을 화면 중앙으로 이동한다.

```
// 출처: android.processing.org/tutorials/vr_intro/index.html
import processing.vr.*;

PShader toon;
boolean shaderEnabled = true;

void setup() {
  fullScreen(STEREO);
  noStroke();
  fill(204);
  toon = loadShader("ToonFrag.glsl", "ToonVert.glsl");
}

void draw() {
  if (shaderEnabled == true) shader(toon);
  translate(width/2, height/2);
  background(80);
  directionalLight(204, 204, 204, 1, 1, -1);
  sphere(150);
}

void mousePressed() {
  if (shaderEnabled) {
    shaderEnabled = false;
    resetShader();
```

```
  } else {
    shaderEnabled = true;
  }
}
```

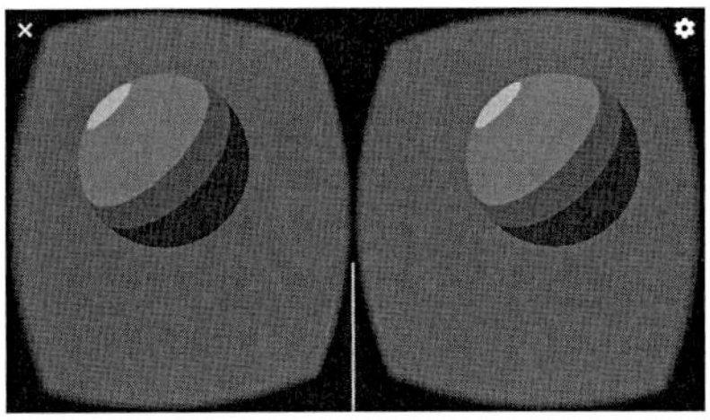

3) 복잡한 3차원 장면 만들기

여기서는 몇 개의 객체를 갖는 3차원 장면을 만든다. 먼저 2차원 그리드를 그린다. 가상현실에서는 성능이 매우 중요해서 프레임 속도(framerate)를 높게 유지해서 사용자가 어지러움을 느끼지 않도록 해야 한다. 정적 기하학(static geometry)을 저장해서 이를 매 프레임마다 다시 생산하지 않도록 PShape 객체에 의존한다.

- 동적 기하학은 필요할 때 RAM에서 로드되었다 필요 없으면 메모리에서 지워지는 반면에 정적 기하학은 렌더링 시에 로드된 후 렌더링 전 과정 동안 RAM에 유지된다.

```
// 출처: android.processing.org/tutorials/vr_intro/index.html
import processing.vr.*;

PShape grid;

void setup() {
  fullScreen(STEREO);

  grid = createShape();
  grid.beginShape(LINES);
  grid.stroke(255);
  for (int x = -10000; x < +10000; x += 250) {
```

```
    grid.vertex(x, +1000, +10000);
    grid.vertex(x, +1000, -10000);
  }
  for (int z = -10000; z < +10000; z += 250) {
    grid.vertex(+10000, +1000, z);
    grid.vertex(-10000, +1000, z);
  }
  grid.endShape();
}

void draw() {
  background(0);
  translate(width/2, height/2);
  shape(grid);
}
```

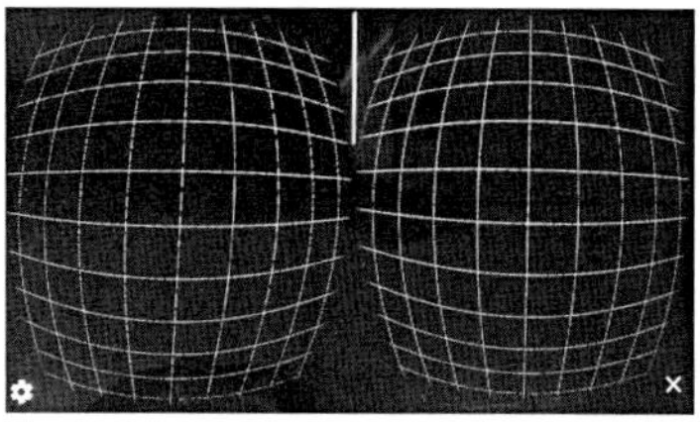

프로세싱에서 y축은 아래를 가리키기 때문에 VR에서 시선 아래에 있는 객체들은 양인 좌표를 갖고 그리드 정점의 y 좌표는 +1000이다. 일부 객체를 추가하자. 성능 최적화를 위해 몇 개의 3차원 형태들을 하나의 PShape 그룹으로 모은다. 이렇게 하면 객체를 개별적으로 다루는 것보다 훨씬 빨라진다. 시선에서 본 결과는 아래 스케치 우측 그림과 같다.

```
// 출처: android.processing.org/tutorials/vr_intro/index.html
import processing.vr.*;

PShape grid;
PShape cubes;
```

```
void setup() {
  fullScreen(STEREO);

  grid = createShape();
  grid.beginShape(LINES);
  grid.stroke(255);
  for (int x = -10000; x < +10000; x += 250) {
    grid.vertex(x, +1000, +10000);
    grid.vertex(x, +1000, -10000);
  }
  for (int z = -10000; z < +10000; z += 250) {
    grid.vertex(+10000, +1000, z);
    grid.vertex(-10000, +1000, z);
  }
  grid.endShape();

  cubes = createShape(GROUP);
  for (int i = 0; i < 100; i++) {
    float x = random(-1000, +1000);
    float y = random(-1000, +1000);
    float z = random(-1000, +1000);
    float r = random(50, 150);
    PShape cube = createShape(BOX, r, r, r);
    cube.setStroke(false);
    cube.setFill(color(180));
    cube.translate(x, y, z);
    cubes.addChild(cube);
  }
}

void draw() {
  background(0);
  lights();
  translate(width/2, height/2);
  shape(cubes);
```

```
  shape(grid);
}
```

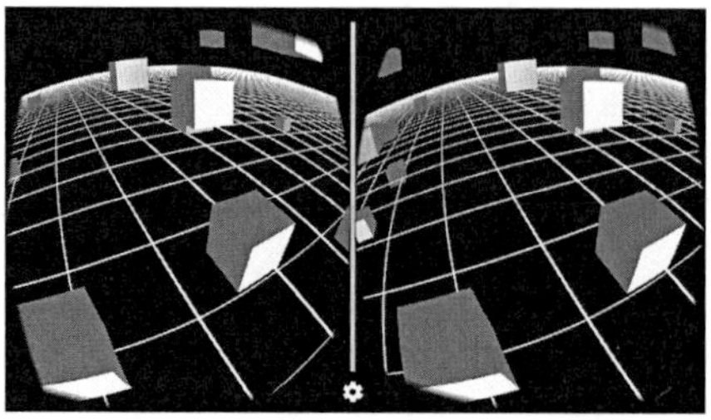

참고 문헌

- 프로세싱 공식 사이트 : https://processing.org/
  프로세싱 개발환경 다운로드 : https://processing.org/download/
- 프로세싱 온라인 소스 사이트 : https://openprocessing.org/
- 아두이노와 프로세싱 : https://playground.arduino.cc/Interfacing/Processing
- 아두이노 공식 사이트 : https://www.arduino.cc/
  아두이노 개발환경 다운로드 : https://www.arduino.cc/en/Main/Software
- 황희수, 러닝 아두이노, 홍릉과학출판사, 2017.
- Casey Reas and Ben Fry, Getting Started with Processing, July 2, 2010.
- Daniel Sauter, Rapid Android Development: Build Rich, Sensor-based Applications with Processing, Pragmatic Bookshelf, 2013.
- Ketai 라이브러리 : http://ketai.org/

정가 15,000원

러닝 프로세싱 Learning Processing

2018년 5월 2일 초판 인쇄
2018년 5월 9일 초판 발행
저　자 : 황희수
발행자 : 송　준
발행처 : 홍릉과학출판사
주　소 : 서울시 강북구 인수봉로 50길 10
01093
등　록 : 1976년 10월 21일 제5-66호
전　화 : (02) 999-2274~5, 903-7037
팩　스 : (02) 905-6729
e-mail: hongpub@hongpub.co.kr
http://www.hongpub.co.kr
ISBN: 979-11-5600-594-0

저자와의 협의하에 인지생략